中等职业教育
财经类改革创新示范教材

成本核算岗位实训

◎ 黄莉 主编 ◎ 林彤 高琴 副主编

人民邮电出版社
北京

图书在版编目（CIP）数据

成本核算岗位实训 / 黄莉主编. -- 北京 : 人民邮电出版社, 2015.10
中等职业教育财经类改革创新示范教材
ISBN 978-7-115-39173-5

Ⅰ. ①成… Ⅱ. ①黄… Ⅲ. ①成本计算－中等专业学校－教材 Ⅳ. ①F231.2

中国版本图书馆CIP数据核字(2015)第234235号

内 容 提 要

本书内容为成本核算岗位技能实训，主要包括辅助生产费用的归集与分配、制造费用的归集与分配、品种法成本核算、分批法成本核算、逐步结转分步法成本核算、平行结转分步法成本核算6个实训项目。

全书结构新颖，资料仿真，从中等职业教育的培养目标出发，以会计职业活动成本核算为中心，注重对会计知识的应用与会计实践能力的培养。通过本书的实践操作教学，可以使学生在“做中学”，让学生对制造业成本核算岗位有一个全面的认识和理解，进一步加强学生的会计实践和专业技能训练，促进其职业能力的提高。

本书适合中等职业学校学生使用，也可供其他会计人员参考。

◆ 主　　编　黄　莉
副 主 编　林　彤　高　琴
责任编辑　刘　琦
责任印制　杨林杰

◆ 人民邮电出版社出版发行　　北京市丰台区成寿寺路11号
邮编　100164　　电子邮件　315@ptpress.com.cn
网址　http://www.ptpress.com.cn
北京鑫正大印刷有限公司印刷

◆ 开本：787×1092　1/16
印张：10　　2015年10月第1版
字数：222千字　　2015年10月北京第1次印刷

定价：25.00元

读者服务热线：(010)81055256　印装质量热线：(010)81055316
反盗版热线：(010)81055315
广告经营许可证：京崇工商广字第0021号

前 言

PREFACE

成本核算岗位实训是中等职业教育的重要一环，作为知识传授体系的一个关键组成部分，它与会计理论教育相结合，致力于学生动手能力的培养与提高。本书专为会计专业学生设计，要求学生在完成“成本核算实务”课程后使用。本书的突出之处在于将会计专业能力“项目化”，立足于制造业成本业务的特点，分为辅助生产费用的归集与分配、制造费用的归集与分配、品种法成本核算、分批法成本核算、逐步结转分步法成本核算、平行结转分步法成本核算6个实训项目，重视学生动手能力的培养。学生通过成本核算的实训项目，能熟练掌握会计凭证的填制，制造费用明细账、基本生产成本明细账的登记，试算平衡表的编制等方面的知识，围绕行业岗位的要求提高综合适应能力。希望通过系统的学习与专门的实践，让学生较快适应不同行业企业会计工作的需要。

本书按照中职教育的特征和教学要求，以《小企业会计准则》为依据，将工业企业成本会计工作作为主线，以应用为主旨，以理论够用为度，强调实用性和针对性。本书实训案例直接来自实际工作岗位，业务内容紧贴生产实际，结构简洁、明了，学生易于接受。

本书主要适用于中等职业技术学校财经类专业。在学习过程中同步配以实训练习，有条件的学校还可直接在计算机上采用不同的财务软件，按成本核算会计岗位实际需求进行教学，使学生在学习期间提高手工记账和计算机记账的技能。

本书主编为黄莉，副主编为林彤、高琴，参编人员有林岱玲、谭素梅、黄仲仪、邓礼琴等。

由于编者水平有限，书中难免有疏漏和错误之处，恳请广大读者批评、指正。

编者

2015年4月

目 录

CONTENTS

实训一 辅助生产费用的归集与分配

一、实训目的

通过广州珠江机械厂辅助生产费用的归集和分配，掌握辅助生产费用的分配方法——直接分配法、一次交互分配法。

二、核算要求

（1）根据原始凭证和费用分配表填制记账凭证（通用记账凭证 15 张）。

（2）根据记账凭证填制科目汇总表。

（3）根据记账凭证逐笔登记“辅助生产费用明细账”。

（4）月末，采用“直接分配法”分配供电车间和供水车间费用。

（5）月末，采用“一次交互分配法”分配供电车间和供水车间费用。

三、实训资料

1. 企业基本情况

企业名称：广州珠江机械厂

地址：广州市越秀区中山五路 238 号

邮编：510000

所属行业：制造业

经营范围：建筑机械制造

电话：020-83821111

开户银行：中国工商银行股份有限公司广州市越秀支行

账号：6222001238235578

纳税人性质：一般纳税人

纳税人登记号：440108768923118

2. 辅助生产车间的劳务量统计

2015 年 7 月辅助生产车间的劳务量统计资料如表 1-1 所示。

表 1-1 **辅助生产车间劳务量统计表**

2015 年 7 月

受益产品、部门	供电量（度）	供水量（立方米）
供电车间		4 750
供水车间	2 050	

续表

受益产品、部门	供电量（度）	供水量（立方米）
基本生产车间——甲产品	48 000	7 000
基本生产车间——乙产品	25 000	6 000
基本生产车间（一般消耗）	5 000	3 500
管理部门	4 000	2 500
合计	84 050	23 750

3. 2015年7月发生的经济业务

【业务 1】2015 年 7 月 9 日，网上支付购买供水车间办公用品 400 元，相关单据如图 1-1、图 1-2 所示。

广州王府井百货有限责任公司　**广东省广州市国家税务局通用机打发票**　发票代码 144012[illegible]015

发　票　联　发票号码 01289688

开票日期：2015-7-9　行业分类：　商业　01265456

顾客名称：　广州珠江机械厂

地址：

项目	单位	数量	单价	金额
办公用品	件	10	40.00	400.00

合计金额大写(人民币)：⊗ 肆佰元整　合计金额小写：￥400.00

备注：

开票人：李力珊　收款人：黄琳娜　开票单位（盖章）：广州王府井百货有限责任公司

（印章：广州王府井百货有限责任公司 440102231256060 发票专用章）

第一联 发票联（购货单位付款凭证）（手写无效）

本发票限于二〇一五年十二月底前开具　本发票开具合计金额超过拾万元无效

图 1-1　发票

中国工商银行　网上银行电子回单

电子回单号码：0005-7785-3459-1000

付款人	户　名	广州珠江机械厂	收款人	户　名	广州王府井百货有限责任公司
	账　号	6222001238235578		账　号	6222320912311122
	开户银行	工行广州越秀支行		开户银行	工行广州越秀支行
金　额		人民币（大写）：肆佰元整　￥400.00 元			
摘　要		购买办公用品	业务（产品）种类		转账
用　途		办公费			
交易流水号		55108752	时间戳		2015-7-9-11.51.50.839990
中国工商银行 电子回单专用章		备注： 验证码：pkctW3Uzemq/TeMFo6jxpCBjHRs=			
记账网点		0234	记账柜员 00016	记账日期	2015 年 7 月 9 日

打印日期：2015 年 7 月 9 日

重要提示：

1. 如果您是收款方，请到工行网站 www.icbc.com.cn 电子回单验证处进行回单验证。
2. 本回单不作为收款方发货依据，并请勿重复记账。
3. 您可以选择发送邮件，将此电子回单发送给指定的接收人。

图 1-2　电子回单

【业务 2】 2015 年 7 月 17 日，供电车间购买电话机一部，价款 600 元，相关单据如图 1-3、图 1-4 所示。

广州王府井百货有限责任公司

广东省广州市国家税务局通用机打发票

发票代码 144011[illegible]57
发票号码 00119506

发票联

开票日期：2015-7-17　行业分类：　商业　　　　00089843

顾客名称：　广州珠江机械厂

地址：

项目	单位	数量	单价	金额
电话机	台	1	600.00	600.00

合计金额大写(人民币)：⊗ 陆佰元整　　　合计金额小写：¥ 600.00

备注：

开票人：　李力珊　　收款人：黄琳娜　　开票单位（盖章）：广州王府井百货有限责任公司

（印章：广州王府井百货有限责任公司 440102231256060 发票专用章）

第一联　发票联（购货单位付款凭证）（手写无效）

本发票限于二〇一五年十二月底前开具　　　本发票开具合计金额超过拾万元无效

图 1-3　发票

现 金 支 出 凭 单　　　第　　号

附件　1　张　　　2015 年 7 月 17 日　　　对方科目编号

用款事项：购买电话机

现金付讫

人民币（大写）　陆佰元整　　　¥ 600.00

收款人：方怡凡（签章）　主管人员：刘延西（签章）　会计人员：王丽（签章）　出纳员收讫：李明（签章）

图 1-4　现金支出凭单

【业务 3】2015 年 7 月 19 日，供电车间刘良出差归来报销差旅费 1 800 元（原借款 1 500 元），相关单据如图 1-5、图 1-6 所示。

差 旅 费 报 销 单

单位名称：广州珠江机械厂　　　填报日期：　2015 年 7 月 19 日

姓名：刘良　　出差地点：武汉　　出差日期：自 2015 年 7 月 15 日 至 2015 年 7 月 19 日

事由：公差

日期			起讫地点		车船费			在途补助			住勤补助				杂（宿）费		备注
年	月	日	起	讫	类别	金额		行程时间	标准	金额	日数	标准	金额				
2015	7	15	广州	武汉		550	00	小时			4	40	160	00	540	00	
	7	19	武汉	广州		550	00	小时									
								小时									
								小时									

以上单据共 12 张，总计金额人民币（大写）零 万 壹 仟 捌 佰 零 拾 零 元 零 角 零 分　　经领人盖章：刘良

预支旅费人民币 ¥ 1 500 元，补给人民币 ¥ 300 元

主管：刘延西　　审核：王丽　　出纳：李明　　填报人：刘良

图 1-5　差旅费报销单

【业务2】2015年7月17日，供应部购买电脑打印纸一批，计价600元，相关单据如图1-3、图1-4所示。

图1-3 发票

现金支出凭单

图1-4 现金支出凭单

【业务3】2015年7月19日，销售部员工报销差旅费1 800元（原借款1 500元），相关单据如图1-5、图1-6所示。

差旅费报销单

图1-5 差旅费报销单

现金支出凭单　　　第　　号

附件 1 张	2015年7月19日	对方科目编号	

用款事项：补给差旅费	现金付讫		
人民币（大写）叁佰元整			¥300.00
收款人：刘良（签章）	主管人员：刘延西（签章）	会计人员：王丽（签章）	出纳员付讫：李明（签章）

图 1-6　现金支出凭单

【业务 4】2015 年 7 月 20 日以银行存款 150 元支付供水车间的电话费，相关单据如图 1-7、图 1-8 所示。

中国电信 CHINA TELECOM

广东省电信有限公司收费专用发票　　44015784

发票联（全国统一发票监制章 广东省广州市 地方税务局监制）

T294NN5926FR0ZR

客户名称：广州珠江机械厂　　客户号码：97595953

开户银行：中国工商银行　　银行账号：3338668668

计费周期：6 月　　2015 年 7 月 20 日填开

项 目	金额（元）	项 目	金额（元）	项 目	金额（元）
电话月租	20.00				
呼出限制月租	6.00				
移机留号月租	25.00				
区内话费	25.00				
区间话费	50.00				
国内长途话费	24.00				
合计（大写）壹佰伍拾元整		（小写）：¥150.00			

（广东省电信有限公司广州市分公司 440106748017099 发票专用章）

第二联：发票联

收款员：广州电信业务支持中心　　说明：本发票经收款单位和收款员盖章方为有效。

图 1-7　发票

中国工商银行特种转账借方凭证

账别：人民币　　2015 年 7 月 20 日　　凭证编号：12856

付款人	全 称	广州珠江机械厂	收款人	全 称	广东省电信有限公司广州市分公司
	账 号	6222001238235578		账 号	6222001223267543
	开户行	工行广州市越秀支行		开户行	工行广州市越秀支行
大写金额	（人民币）壹佰伍拾元整				RMB150.00
用途或事由：电信代收费 代理机构：440466789 （银行盖章）	中国工商银行广州越秀支行 2015.7.20 转讫（2）				

此联为付款人回单

会计主管：　　复核：　　记账：　　制单：

图 1-8　转账凭证

【业务5】2015年7月31日，按耗用量分配电费83 560元，其中供电车间50%，销售部门30%，管理部门20%，如表1-2所示。

表1-2　　广州珠江机械厂电力费用分配表

2015年7月31日　　单位：元

受益部门	耗用量比例	分配电费（元）
供电车间		
销售部门		
管理部门		
合计		

填制：王丽　　审核：刘延西

【业务6】2015年7月31日，按耗用量分配水费12 760元，其中供水车间50%，销售部门40%，管理部门10%，如表1-3所示。

表1-3　　广州珠江机械厂水费分配表

2015年7月31日　　单位：元

受益部门	耗用量比例（%）	分配水费（元）
供水车间		
销售部门		
管理部门		
合计		

填制：王丽　　审核：刘延西

【业务7】2015年7月31日，计提本月的固定资产折旧费，如表1-4所示。

表1-4　　广州珠江机械厂折旧计算表

2015年7月31日　　单位：元

车间、部门	6月折旧额	6月增加折旧额	6月减少折旧额	7月折旧额
供电车间	7 000	—	6 00	
供水车间	1 500	500	—	
基本生产车间	6 000	—	1 000	
行政管理部门	2 000	—	—	
合计	16 500	500	16 00	

填制：王丽　　审核：刘延西

【业务8】2015年7月31日，摊销本月的财产保险费，如表1-5所示。

表1-5　　广州珠江机械厂财产保险费摊销表

2015年7月　　单位：元

车间、部门	月初余额	本月摊销额	月末余额
供电车间	7 200	1 200	6 000
供水车间	6 000	1 000	5 000

续表

车间、部门	月初余额	本月摊销额	月末余额
基本生产车间	12 000	2 000	10 000
行政管理部门	4 800	800	4 000
合计	30 000	5 000	25 000
备注：按直线法分 6 个月摊销			

填制：王丽　　　　审核：刘延西

【业务 9】 2015 年 7 月 31 日，汇总本月领料单、退料单，编制发料凭证汇总表，如表 1-6 所示。

表 1-6　　　　广州珠江机械厂发料凭证汇总表

2015 年 7 月　　　　单位:元

应借账户 \ 应贷账户		原材料			
		原料及主要材料	辅助材料	修理备用件	合计
生产成本	甲产品	52 000	400		52 400
	乙产品	22 000	300		22 300
	供电车间			5 200	5 200
	供水车间		4 700		4 700
制造费用			2 300		2 300
管理费用				800	800
合计		74 000	7 700	6 000	87 700

填制：王丽　　　　审核：刘延西

【业务 10】 2015 年 7 月 31 日，分配本月工资 73 000 元，如表 1-7 所示。

表 1-7　　　　广州珠江机械厂工资分配表

2015 年 7 月　　　　单位：元

应借账户 \ 车间部门		基本生产车间			供电车间	供水车间	管理部门	合计
		甲产品	乙产品	管理人员				
生产成本	基本生产成本	20 000	18 000					38 000
	辅助生产成本				9 000	8 000		17 000
制造费用				7 000				7 000
管理费用							9 000	9 000
合计		20 000	18 000	7 000	9 000	8 000	9 000	73 000

填制：王丽　　　　审核：刘延西

【业务 11】 2015 年 7 月 31 日，按职工岗位分配企业为职工购买的社会保险费，如表 1-8 所示。

表 1-8　　　　广州珠江机械厂社会保险费分配汇总表

2015 年 7 月　　　　　　　　　　　　　　　　　　　　　　单位：元

应借账户		基本养老保险	失业保险	基本医疗保险	工伤保险	生育保险	合计
生产成本	甲产品	1 344	224	896	224	112	2 800
生产成本	乙产品	1 209.6	201.6	806.4	201.6	100.8	2 520
生产成本	供电车间	604.8	100.8	403.2	100.8	50.4	1 260
生产成本	供水车间	537.6	89.6	358.4	89.6	44.8	1 120
制造费用		470.4	78.4	313.6	78.4	39.2	980
管理费用		604.8	100.8	403.2	100.8	50.4	1 260
合计		4 905.6	817.6	3 270.4	817.6	408.8	1 0220

填制：王丽　　　　　　审核：刘延西

【业务 12】2015 年 7 月 31 日，采用直接分配法分配供电车间和供水车间费用，如表 1-9 所示。

表 1-9　　　　辅助生产费用分配表（直接分配法）

2015 年 7 月

项目	分配电费		分配水费	
	数量（度）	金额（元）	数量（立方米）	金额（元）
待分配费用				
劳务总量				
费用分配率				
受益部门：				
供电车间				
供水车间				
甲产品				
乙产品				
车间一般消耗				
行政管理部门				
合计				

填制：王丽　　　　　　审核：刘延西

【业务 13】2015 年 7 月 31 日，采用一次交互分配法分配供电车间和供水车间费用，如表 1-10 所示。

表 1-10 辅助生产费用分配表（一次交互分配法）

2015 年 7 月

项目 \ 分配费用	交互分配				对外分配				合计（元）
	分配电费		分配水费		分配电费		分配水费		
	数量（度）	金额（元）	数量（立方米）	金额（元）	数量（度）	金额（元）	数量（立方米）	金额（元）	
待分配费用									
劳务总量									
费用分配率									
受益部门：									
供电车间									
供水车间									
甲产品									
乙产品									
车间一般消耗									
行政管理部门									
合计									

4. 填制下列账表

（1）科目汇总表，如表 1-11 所示。

（2）辅助生产费用明细分类账 2 张，如表 1-12、表 1-13 所示。

表 1-11 科目汇总表

年 月 日

会计科目	本期发生额		记账凭证起讫号数
	借方	贷方	

续表

会计科目	本期发生额		记账凭证起讫号数
	借方	贷方	
合计			

表 1-12　　辅助生产费用明细分类账

明细科目：

年		凭证编号	摘要	合计	费用项目							
月	日											

表 1-13　　　　辅助生产费用明细分类账

明细科目：

2015 年		凭证编号	摘要	合计	费用项目							
月	日											

实训二 制造费用的归集与分配

一、实训目的

通过广州珠江机械厂制造费用的归集和分配，掌握按产品生产工时分配制造费用的分配方法。

二、核算要求

（1）根据经济业务填制记账凭证（见“实训一辅助生产费用的归集与分配”【业务7】～【业务12】)。

（2）根据记账凭证逐笔登记“制造费用明细账”。

（3）按本月产品生产工时分配制造费用。

三、实训资料

（1）2015年7月发生的经济业务（见“实训一辅助生产费用的归集与分配”【业务7】～【业务12】。）

（2）2015年7月广州珠江机械厂产品生产工时统计，如表2-1所示。

表2-1　　广州珠江机械厂产品生产工时统计表

2015年7月

产品名称	产品生产工时（小时）
甲产品	1 200
乙产品	800
合计	2 000

填制：王丽　　审核：刘延西

（3）填制制造费用分配表，如表2-2所示。

表2-2　　广州珠江机械厂制造费用分配表

2015年7月

产品名称	产品生产工时（小时）	分配率	分配金额（元）
甲产品			
乙产品			
合计			

填制：　　审核：

（4）填写制造费用明细分类账，如表 2-3 所示。

表 2-3 **制造费用明细分类账**

明细科目：

年		凭证编号	摘要	合计	费用项目							
月	日											

实训三
品种法成本核算

一、实训目的

通过对广州市华瑞实业有限公司的成本计算，掌握单步骤大量生产企业的成本计算方法——品种法。

二、核算要求

（1）根据原始凭证或费用分配表填制记账凭证。

（2）根据记账凭证逐笔登记“制造费用明细账”“基本生产成本明细账”和“辅助生产成本明细账”。

（3）月末，分配制造费用和辅助生产成本。

（4）月末，计算完工产品总成本和单位产品成本。

（5）月末，进行结账。

（6）月末，编制科目汇总表。

（7）规范装订记账凭证。

三、实训资料

广州市华瑞实业有限公司是一家建筑材料公司，主要生产经营A型建筑材料。其设有一个基本生产车间，单步骤大量重复生产A型建筑材料。材料生产开始时一次投入，采用品种法计算产品成本。2015年6月月初在产品5吨，月末产品全部完工289吨。其生产流程如图3-1所示。

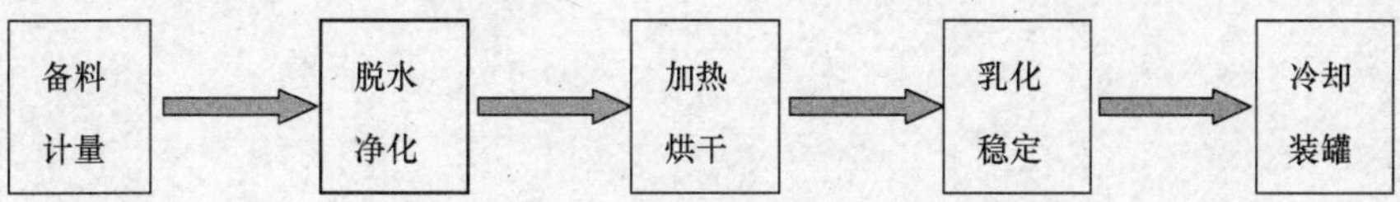

图3-1　广州市华瑞实业有限公司生产流程

1. 在产品成本

2015年6月期初在产品成本如表3-1所示。

表3-1　　广州市华瑞实业有限公司2015年6月期初在产品成本

单位：元

成本项目	直接材料	直接人工	制造费用
合计	7 600	4 800	5 000

2. 2015年6月发生的部分经济业务

2015 年 6 月发生经济业务的部分如下。

【业务 1】2015 年 6 月 3 日，开出转账支票支付本月租金 10 500 元，其中厂房 9 500 元（基本生产车间 8 000 元，机修车间 1 500 元），办公室 1 000 元，相关单据如图 3-2、图 3-3 所示。

广东省广州市地方税收税控专用发票　　地 税 监

GUANGZHOUEOYATAXFLEALINVOICE　　440110916

发　票　联

查询电话：（020）-12366-2　　查询号码：1916 6SX4866 8ET 7 0ZR

顾客名称：广州市华瑞实业有限公司　　校对号码：19166486687

开票日期：2015.06.03　　税控器号：0205071　　税控防伪码：2381609

经营项目	收费说明		金额
房租	2015.06.01 至 2015.06.30 租金		10500.00
合计人民币（大写）壹万零伍佰元整			¥10500.00
收款单位：广州友邦有限公司	备注		
税务登记号：440107182602110		440107182602110	
地址及电话：广州市江北大道 615 号		发票专用章	

开票人：周慧　　收款人：叶欣　　收款单位（盖章）：

第二联：发票联

说明：1. 本发票适用于使用发票税控管理器的业户；

2. “校对号码”必须与“查询号码”前四位和后七位号码相一致；

3. 必须打印“税控防伪码”，否则属无效发票。

图 3-2　发票

中国工商银行　网上银行电子回单

电子回单号码：0016-7291-3287-5509

付款人	户名	广州市华瑞实业有限公司	收款人	户名	广州友邦有限公司
	账号	6222027800365160		账号	6222031613705502
	开户银行	工行东山支行		开户银行	工行广大支行
金额		人民币（大写）：壹万零伍佰元整　¥10500.00 元			
摘要		支付厂房租金	业务（产品）种类		转账
用途		支付租金			
交易流水号		33719025	时间戳		2015-06-03-15.03.31.611202
中国工商银行 电子回单 专用章		备注： 验证码：pkctW5Uzemq/TeMFo4jxpCBjHRs=			

记账网点	0337	记账柜员	00039	记账日期	2015 年 06 月 03 日

打印日期：2015 年 06 月 03 日

重要提示：

1. 如果您是收款方，请到工行网站 www.icbc.com.cn 电子回单验证处进行回单验证。
2. 本回单不作为收款方发货依据，并请勿重复记账。
3. 您可以选择发送邮件，将此电子回单发送给指定的接收人。

图 3-3　电子回单

【业务2】 2015年6月8日，开出转账支票购买办公用品3 575元，其中，基本生产车间900元，机修车间775元，办公室1 900元，相关单据如图3-4、图3-5所示。

广州市广百股份有限公司　广东省广州市国家税务局通用机打发票　发票联　发票代码 255011773666

发票号码 23681295

开票日期：2015-06-08　行业分类：商业　23681295

顾客名称：	广州市华瑞实业有限公司			
地址：				
项目	单位	数量	单价	金额
办公用品	件	55	65.00	3575.00
合计金额大写(人民币)：	⊗叁仟伍佰柒拾伍元整		合计金额小写：	￥3575.00
备注：				

开票人：李艺　收款人：赵洁　开票单位（盖章）：广州市广百股份有限公司

（印章：广州市广百股份有限公司 440106602379011 发票专用章）

第一联 发票联（购货单位付款凭证）（手写无效）

本发票限于二〇一五年十二月底前开具　本发票开具合计金额超过拾万元无效

图3-4　发票

中国工商银行　网上银行电子回单

电子回单号码：0016-7291-3361-5093

付款人	户　名	广州市华瑞实业有限公司	收款人	户　名	广州市广百股份有限公司
	账　号	6222027800365160		账　号	6222308723796621
	开户银行	工行东山支行		开户银行	工行华东支行
金　额		人民币（大写）：叁仟伍佰柒拾伍元整　￥3575.00元			
摘　要		购买办公用品	业务（产品）种类		转账
用　途		办公费			
交易流水号		33719103	时间戳		2015-06-08-17.15.19.703301
（印章：中国工商银行 电子回单专用章）		备注： 验证码：pkctW5Uzemq/TeMFo4jxpCBjHRs=			

记账网点	0337	记账柜员	00035	记账日期	2015年06月08日

打印日期：2015年06月08日

重要提示：

1. 如果您是收款方，请到工行网站www.icbc.com.cn电子回单验证处进行回单验证。
2. 本回单不作为收款方发货依据，并请勿重复记账。
3. 您可以选择发送邮件，将此电子回单发送给指定的接收人。

图3-5　电子回单

【业务 3】2015 年 6 月 15 日，支付生产车间技术人员培训费 2 500 元，相关单据如图 3-6、图 3-7 所示。

广东省地方税收通用发票（电子）

电子发票　手写无效

广东省 发票联 地方税务局

发票代码　244011219237

开票日期：2015-06-15 10：30：15　　行业类别：文化业　　发票号码　06719102

付款方名称：广州市华瑞实业有限公司

付款方识别号：

收款方名称：广州市龙文技术培训中心

收款方识别号：440111720682032

主管税务机关：广州市越秀区地方税务局太和税务所　　防伪码：09882112439214462082356

序号	开票项目说明	金额（元）	备注
1	培训费	2500.00	

合计（大写）：人民币贰仟伍佰元整　　合计（小写）：￥2500.00

附注：

本发票可在开票后 30 天内通过网站、手机、短信等 6 种补录登记方式，参与"南粤金税"发票抽奖，详情请登录广东地税网站。（广东地税）

广州市龙文技术培训中心 440111720682032 发票专用章

发票联　付款方付款凭证

No. 1104003-47620617　　开票人：李晓　　开票单位（盖章）：

图 3-6　发票

中国工商银行　网上银行电子回单

电子回单号码：0016-7291-3398-5135

付款人	户　名	广州市华瑞实业有限公司	收款人	户　名	广州市龙文技术培训中心
	账　号	6222027800365160		账　号	6222551235687810
	开户银行	工行东山支行		开户银行	工行江北支行
金　额		人民币（大写）：贰仟伍佰元整　　￥2500.00 元			
摘　要		支付培训费	业务（产品）种类		转账
用　途		培训费			
交易流水号		33719507	时间戳		2015-06-15-10.29.28.703516
中国工商银行 电子回单专用章		备注： 验证码：pkctW5Uzemq/TeMFo4jxpCBjHRs=			
记账网点		0337	记账柜员	00032	记账日期　2015 年 06 月 15 日

打印日期：2015 年 06 月 15 日

重要提示：

1. 如果您是收款方，请到工行网站 www.icbc.com.cn 电子回单验证处进行回单验证。
2. 本回单不作为收款方发货依据，并请勿重复记账。
3. 您可以选择发送邮件，将此电子回单发送给指定的接收人。

图 3-7　电子回单

【业务4】 2015年6月16日，支付上月电话费2 700元，其中生产车间900元，机修车间600元，管理部门1 200元，相关单据如图3-8～图3-10所示。

中国电信 CHINA TELECOM

广东省电信有限公司收费专用发票

发票联

440180310
T229^{2}3129^{7}2^{1}

客户名称：广州市华瑞实业有限公司　　　　客户号码：83798135

开户银行：工行东山支行　　　　银行账号：6222-0278-0036-5160

计费周期：2015.05.1-2015.05.31　　　　2015年6月16日填开

项　目	金额/元	项　目	金额/元	项　目	金额/元
电话月租	20.00				
区内话费	230.00				
国内长话费	650.00				
电信IP国内					
本地话费优惠					
总费用含非电信IP本地费					
合计（大写）：玖佰元整		（小写）：¥900.00			

收款员：谢滢　　　　收款单位(盖章)：广东省电信有限公司广州分公司 440105068019102 发票专用章

说明：本发票经收款单位和收款员盖章方为有效。　　　　（本发票手写无效）

图3-8　发票

中国电信 CHINA TELECOM

广东省电信有限公司收费专用发票

发票联

440180310
T229^{2}3129^{7}2^{2}

客户名称：广州市华瑞实业有限公司　　　　客户号码：83798136

开户银行：工行东山支行　　　　银行账号：6222-0278-0036-5160

计费周期：2015.05.1-2015.05.31　　　　2015年6月16日填开

项　目	金额/元	项　目	金额/元	项　目	金额/元
电话月租	20.00				
区内话费	310.00				
国内长话费	270.00				
电信IP国内					
本地话费优惠					
总费用含非电信IP本地费					
合计（大写）：陆佰元整		（小写）：¥600.00			

收款员：谢滢　　　　收款单位(盖章)：广东省电信有限公司广州分公司 440105068019102 发票专用章

说明：本发票经收款单位和收款员盖章方为有效。　　　　（本发票手写无效）

图3-9　发票

中国电信 CHINA TELECOM

广东省电信有限公司收费专用发票

440180310
T229²3129⁷2³

发票联

客户名称：广州市华瑞实业有限公司　　客户号码：83798137

开户银行：工行东山支行　　银行账号：6222-0278-0036-5160

计费周期：2015.05.1-2015.05.31　　2015 年 6 月 16 日填开

项　目	金额/元	项　目	金额/元	项　目	金额/元
电话月租 区内话费 国内长话费 电信 IP 国内 本地话费优惠 总费用含非电信 IP 本地费	20.00 290.00 790.00				
合计（大写）：壹仟贰佰元整		（小写）：¥1200.00			

广东省电信有限公司广州分公司 440105068019102 发票专用章

收款员：谢滢　　收款单位（盖章）：

说明：本发票经收款单位和收款员盖章方为有效。　　（本发票手写无效）

图 3-10　发票

【业务 5】2015 年 6 月 30 日，摊销本月财产保险费 3 800 元，其中生产车间 2 300 元，机修车间 900 元，管理部门 600 元，如表 3-2 所示。

表 3-2　　广州市华瑞实业有限公司财产保险费摊销表

2015 年 6 月 30 日　　单位：元

车间、部门	期初账面余额	本期摊销额	期末账面余额
生产车间	23 000	2 300	20 700
机修车间	9 000	900	8 100
管理部门	6 000	600	5 400
合计	38 000	3 800	34 200
备注：采用直线法分 12 个月摊销			

填表：杨明　　审核：梁莉

【业务 6】2015 年 6 月 30 日，汇总本月领料单、退料单，编制发料凭证汇总表，如表 3-3 所示。

表 3-3　　广州市华瑞实业有限公司发料凭证汇总表

2015 年 6 月 30 日

部门＼金额		主要材料 2 600 元/吨		辅助材料 410 元/千克		周转材料 180 元/件	
		数量（吨）	金额（元）	数量（千克）	金额（元）	数量（件）	金额（元）
生产车间	生产耗用	150	390 000	30	12 300	200	36 000

续表

部门 \ 金额		主要材料 2 600 元/吨		辅助材料 410 元/千克		周转材料 180 元/件	
		数量（吨）	金额（元）	数量（千克）	金额（元）	数量（件）	金额（元）
	一般耗用			5	2 050	6	1 080
机修车间				2	820	20	3 600
管理部门						10	1 800
合计		150	390 000	37	15 170	236	42 480

填表：杨明　　审核：梁莉

【业务 7】 2015 年 6 月 30 日，计提本月固定资产折旧，如表 3-4 所示。

表 3-4　　广州市华瑞实业有限公司折旧计算分配表

2015 年 6 月 30 日　　单位：元

应借账户		上月折旧额	本月增加折旧额	上月减少折旧额	本月折旧额
制造费用	基本生产车间	13 000	900		13 900
生产成本（辅助）	机修车间	3 800			3 800
管理费用	管理部门	2 700	300		3 000
合计		19 500			20 700

填表：杨明　　审核：梁莉

【业务 8】 2015 年 6 月 30 日按定额耗用量分配本月水费，如表 3-5 所示。

表 3-5　　广州市华瑞实业有限公司水费汇总表

2015 年 6 月 30 日

车间或部门	数量（立方米）	单价（元/立方米）	金额（元）
生产车间	260		832
机修车间	90		288
管理部门	30		96
合计	380	3.2	1 216

填表：杨明　　审核：梁莉

【业务 9】 2015 年 6 月 30 日，按各车间、部门电表读数分配本月电费，如表 3-6 所示。

表 3-6　　广州市华瑞实业有限公司电费汇总表

2015 年 6 月 30 日

车间或部门	用途	数量（度）	单价（元/度）	金额（元）
生产车间	动力用电	21 520		13 988
	照明用电	350		227.5

续表

车间或部门	用途	数量（度）	单价（元/度）	金额（元）
机修车间		770		500.5
管理部门		590		383.5
合计		23 230	0.65	15 099.5

填表：杨明　　审核：梁莉

【业务 10】 2015 年 6 月 30 日，分配本月工资，如表 3-7 所示。

表 3-7　　广州市华瑞实业有限公司职工薪酬分配汇总表

2015 年 6 月 30 日　　单位：元

车间或部门	职工类别	应付职工薪酬	备注
生产车间	生产工人	263 000	
	管理人员	12 000	
机修车间		26 200	
管理部门		56 300	
合计		357 500	

填表：杨明　　审核：梁莉

【业务 11】 2015 年 6 月 30 日，计提本月职工福利，如表 3-8 所示。

表 3-8　　广州市华瑞实业有限公司职工福利计算表

2015 年 6 月 30 日　　单位：元

应借账户		工资总额	计提比例	职工福利费
生产成本（基本生产成本）	生产车间			
制造费用	生产车间			
生产成本（辅助生产成本）	机修车间			
管理部门				
合计			14%	

填表：杨明　　审核：梁莉

【业务 12】 2015 年 6 月 30 日，计提本月职工教育经费、工会经费，如表 3-9 所示。

表 3-9　　广州市华瑞实业有限公司职工教育经费、工会经费计算表

2015 年 6 月 30 日　　单位：元

应借账户		工资总额	职工教育费 1.5%	工会经费 2%	合计
生产成本（基本生产成本）	生产车间				
制造费用	生产车间				
生产成本（辅助生产成本）	机修车间				

续表

应借账户		工资总额	职工教育费 1.5%	工会经费 2%	合计
管理部门					
合计					

填表：杨明　　　　审核：梁莉

【业务 13】2015 年 6 月 30 日，计提本月职工社会保险费，如表 3-10 所示。

表 3-10　　广州市华瑞实业有限公司职工社会保险计算表

2015 年 6 月 30 日　　单位：元

应借账户		工资总额	养老保险 12%	失业保险 2%	医疗保险 8%	工伤保险 0.5%	生育保险 0.85%	合计
生产成本（基本生产成本）	生产车间							
制造费用	生产车间							
生产成本（辅助生产成本）	机修车间							
管理部门								
合计								

填表：杨明　　　　审核：梁莉

【业务 14】2015 年 6 月 30 日，计提本月职工住房公积金，如表 3-11 所示。

表 3-11　　广州市华瑞实业有限公司职工住房公积金计算表

2015 年 6 月 30 日　　单位：元

应借账户		上年度月平均工资	单位负担 12%	个人负担 12%	合计
生产成本（基本生产成本）	生产车间	261 000			
制造费用	生产车间	11 800			
生产成本（辅助生产成本）	机修车间	25 600			
管理部门		55 100			
合计		353 500			

填表：杨明　　　　审核：梁莉

【业务 15】2015 年 6 月 30 日，分配基本生产车间归集的制造费用，如表 3-12 所示（填制制造费用明细账，见表 3-18）。

表 3-12　　广州市华瑞实业有限公司制造费用分配表

2015 年 6 月

成本计算对象	分配标准	分配率	分配金额（元）
合计			

制表：杨明　　审核：梁莉

【业务 16】2015 年 6 月 30 日，分配本月机修车间费用，如表 3-13 所示（填制辅助生产费用明细账，见表 3-19）。

表 3-13　　辅助生产费用分配表

2015 年 6 月

受益部门	受益数量	分配率	分配金额（元）
合计			

制表：杨明　　审核：梁莉

【业务 17】2015 年 6 月 30 日，结转完工产品成本，如表 3-14 所示（填制基本生产成本明细账，见表 3-15）。

表 3-14　　完工产品成本汇总表

2015 年 6 月

产品名称	数量	单位成本（元）	完工产品成本（元）

制表：杨明　　审核：梁莉

表 3-15　　基本生产成本明细账

车间：

单位：元

年		凭证编号	摘要	成本项目			合计
月	日			直接材料	直接人工	制造费用	

续表

年		凭证编号	摘要	成本项目			合计
月	日			直接材料	直接人工	制造费用	

制表：杨明　　　　审核：梁莉

表 3-16　　　　科目汇总表

年　月　日

会计科目	本期发生额		记账凭证起讫号数
	借方	贷方	
合计			

表 3-17　　　　　　　　　　　　　**科目汇总表**

年　　月　　日

会计科目	本期发生额		记账凭证起讫号数
	借方	贷方	
合计			

表 3-18　　　　　　　　　　　　　**制造费用明细分类账**

明细科目：

年		凭证编号	摘要	合计	费用项目							
月	日											

续表

年		凭证编号	摘要	合计	费用项目							
月	日											

表 3-19　　　　辅助生产费用明细分类账

明细科目：

年		凭证编号	摘要	合计	费用项目							
月	日											

实训四
分批法成本核算

一、实训目的

通过对安逸家纺有限公司的成本计算，掌握批量生产企业的成本计算方法——分批法。

二、核算要求

（1）按产品批别开设“基本生产成本明细账”。

（2）根据原始凭证或费用分配表填制记账凭证。

（3）根据记账凭证逐笔登记“制造费用明细账”“基本生产成本明细账”。

（4）月末，归集和分配制造费用、辅助生产成本。

（5）按产品批别归集所发生的各种费用；然后将所发生的费用在完工产品与月末在产品之间进行分配。

（6）月末，计算完工产品总成本和单位产品成本。

（7）月末，进行结账。

（8）规范装订记账凭证。

三、实训资料

安逸家纺有限公司是一家以生产家庭纺织用品为主的生产企业。该企业根据市场需求编制生产计划，按照生产计划组织生产，属于小批量多步骤生产企业。公司管理层不要求分步骤计算产品成本，所以采用分批法计算各批产品成本，批内部分完工提前交货的产品按定额成本转出。公司设立的基本生产车间为梳理机流水线，生产工艺流程如图 4-1 所示。

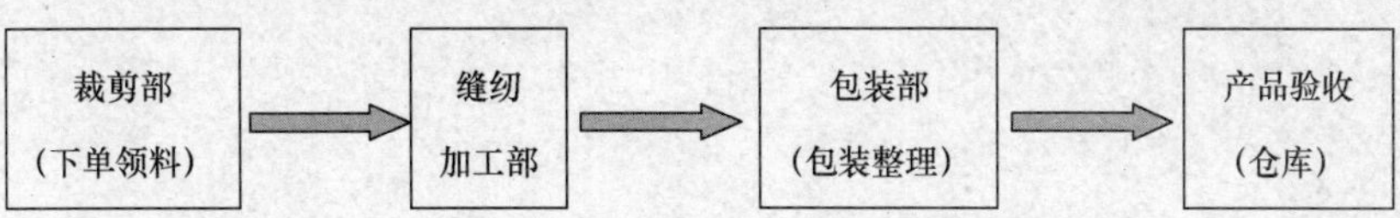

图 4-1　安逸家纺有限公司生产工艺流程

1. 2015年8月，产品批次、投产量、完工入库、单位产品定额成本及生产工时资料如表4–1、表4–2、表4–3所示。

表 4-1　　安逸家纺有限公司生产任务通知单

2015 年 8 月　　　　编号：20130801

生产批号	产品名称	投入批量	投产日期	完工日期	本月完工数量
0801	30cm×30cm 抱枕套	2 400 件	8 月 1 日	8 月 31 日	2 400 件
0805	40cm×40cm 抱枕套	2 600 件	8 月 5 日	9 月 5 日	2 200 件

续表

生产批号	产品名称	投入批量	投产日期	完工日期	本月完工数量
0807	50cm×50cm 抱枕套	3 000 件	8 月 7 日	9 月 8 日	2 300 件
0826	40cm×65cm 信封枕套	3 000 件	8 月 26 日	9 月 18 日	0

表 4-2　　安逸家纺有限公司单位产品定额成本

2015 年 8 月　　单位：元

产品名称	成本项目				
	直接材料	直接人工	制造费用	合计	
30cm×30cm 抱枕套	18.00	15.00	4.00	37.00	
40cm×40cm 抱枕套	24.00	17.00	4.10	45.10	
50cm×50cm 抱枕套	28.00	17.50	4.20	49.70	
40cm×65cm 信封枕套	30.00	18.00	4.50	52.50	

表 4-3　　安逸家纺有限公司生产工时统计表

2015 年 8 月　　单位：小时

部门 产品名称	裁剪部	缝纫加工部	整理包装部	合计
30cm×30cm 抱枕套	500	800	300	1 600
40cm×40cm 抱枕套	500	1 000	300	1 800
50cm×50cm 抱枕套	600	900	400	1 900
40cm×65cm 信封枕套	200	100	100	400
合计	1 800	2 800	1 100	5 700

2. 产品完工程度情况如表4-4所示。

表 4-4　　安逸家纺有限公司各部门产品完工程度情况表

2015 年 8 月 31 日

完工程度 批量、名称	裁剪部	缝纫加工部	整理包装部	完工数量
30cm×30cm 抱枕套	100%	100%	100%	2 400 件
40cm×40cm 抱枕套	100%	100%	80%	2 200 件
50cm×50cm 抱枕套	100%	100%	70%	2 300 件
40cm×65cm 信封枕套	100%	40%	40%	0

3. 产品成本计算过程

（1）根据企业生产部门下达的生产通知单，按产品的批别开设基本生产成本明细账。

（2）按产品批别归集和分配各项生产费用，月末计算完工产品成本。

（3）2015 年 8 月发生如下经济业务。

【业务 1】 8 月 13 日，以银行存款支付电费，价款 6 500 元、增值税税额 1 105 元，相关单据如图 4-2～图 4-4 所示。

广东省增值税专用发票

№ 12591175

44010034819

全国统一发票监制章 广东省 国家税务局监制

发 票 联

开票日期：2015 年 08 月 13 日

购货单位	名　　称：广州安逸家纺有限公司 纳税人识别号：440101964010608 地 址 电 话：广州市中山大道 12 号 开户行及账号：工行越秀支行 6222910400319191	密码区	3 < > 20-3+8+7 < +5-2+487 < 加密版本号：4 > +6059/3477626-/-+/8 > 23 1 < 12/5 < 1++/28220*49/0 3240023220 6 > 5 < 24- > > 3*05/ > > 92 07881134

货物或应税劳务名称	规格型号	位	数量	单价	金额	税率	税额
电		度	10000	0.65	6500.00	17%	1105.00
合　计					6500.00		1105.00
价税合计（大写）	⊗柒仟陆佰零伍元整			（小写）¥ 7605.00			

销货单位	名　　称：广州市供电公司 纳税人识别号：440106768691234 地 址 电 话：广州市环市大道 25 号 开户行及账号：工行广州越秀支行 0012218719783214	备注	广州市供电公司 440106768691234 发票专用章

收款人：张嘉俊　　复核：李明达　　开票人：王易慧　　销货单位：（章）

第三联：发票联 购货方记账凭证

图 4-2　增值税专用发票（发票联）

广东省增值税专用发票

44010034819　　№ 12591175

全国统一发票监制章 广东省 国家税务局监制

抵 扣 联

开票日期：2015 年 08 月 13 日

购货单位	名　　称：广州安逸家纺有限公司 纳税人识别号：440101964010608 地 址 电 话：广州市中山大道 12 号 开户行及账号：工行越秀支行 6222910400319191	密码区	3 < > 20-3+8+7 < +5-2+487 < 加密版本号：4 > +6059/3477626-/-+/8 > 23 1 < 12/5 < 1++/28220*49/0 3240023220 6 > 5 < 24- > > 3*05/ > > 92 07881134

货物或应税劳务名称	规格型号	位	数量	单价	金额	税率	税额
电		度	10000	0.65	6500.00	17%	1105.00
合　计					6500.00		1105.00
价税合计（大写）	⊗柒仟陆佰零伍元整			（小写）¥ 7605.00			

销货单位	名　　称：广州市供电公司 纳税人识别号：440106768691234 地 址 电 话：广州市环市大道 25 号 开户行及账号：工行广州环市路支行 0012218719783214	备注	广州市供电公司 440106768691234 发票专用章

收款人：张嘉俊　　复核：李明达　　开票人：王易慧　　销货单位：（章）

第二联：抵扣联 购货方扣税凭证

图 4-3　增值税专用发票（抵扣联）

邮 电

中国工商银行　　广东省分行营业部　　批扣借方凭证（回单）

INDUSTRIAL AND COMMERCIAL BANK OF CHINA　　N0:0911120050000001423

业务日期　2015 年 08 月 13 日

付款人	全　称	广州安逸家纺有限公司	收款人	全　称	广州市供电公司
	账　号	6222910400319191		账　号	0012218719783214
	开户银行	工行广州越秀支行		开户银行	工行广州环市路支行
金额	人民币（大写）柒仟陆佰零伍元整			千 百 十 万 千 百 十 元 角 分	¥ 7 6 0 5 0 0
摘要	电费				
备注					

（印章：中国工商银行股份有限公司广州越秀支行　2015.8.13　核算用章(04)　王山）

工行网站：WWW.ICBC.COM.CN　　打印日期：2015 年 08 月 13 日

服务热线电话：95588

图 4-4　回单

【业务 2】 8 月 14 日，以现金支付各部门劳保用品 1 000 元，其中：裁剪部 250 元、缝纫加工部 280 元、整理包装部 220 元、行政管理部门 250 元，相关单据如图 4-5、图 4-6 所示。

广州王府井百货有限责任公司　　广东省广州市国家税务局通用机打发票　　发票代码 144011122[illegible]

发票联　　发票号码 00089578

开票日期：2015-08-14　行业分类：　商业　　00089511

顾客名称：　广州安逸家纺有限公司

地址：

项目	单位	数量	单价	金额
劳保用品	份	100	10.00	1000.00

合计金额大写(人民币)：⊗壹仟元整　　合计金额小写：¥1000.00

备注：

开票人：王红　　收款人：李春天　　开票单位（盖章）：广州王府井百货有限责任公司

（印章：广州王府井百货有限责任公司　440102231256060　发票专用章）

第一联　发票联（购货单位付款凭证）（手写无效）

本发票限于二〇一五年十二月底前开具　　本发票开具合计金额超过拾万元无效

图 4-5　发票

现金支出凭单　　第　　号

附件　1　张　　2015 年 08 月 14 日　　对方科目编号

用款事项：购买劳保用品

现金付讫

人民币（大写）　壹仟元整　　¥1000.00

付款人：劳征（签章）	主管人员：文丽（签章）	会计人员：肖克（签章）	出纳员收讫：王华（签章）

图 4-6　现金支出凭单

【业务3】 8月15日，缝纫加工部技术工人苏宁出差归来报销差旅费1 400元，退回现金100元（苏宁原借款1 500元），相关单据如图4-7、图4-8所示。

差旅费报销单

单位名称：广州安逸家纺有限公司　　　　填报日期：2015年08月15日

姓名	苏宁	出差地点	桂林	出差日期	自2015年08月1日 至2015年08月7日
事由	公差				

日期			起讫地点		车船费		在途补助			住勤补助			杂（宿）费	备注
年	月	日	起	讫	类别	金额	行程时间	标准	金额	日数	标准	金额		
2015	8	1	广州	桂林		200 00	小时			7	40	280 00	600 00	
	8	7	桂林	广州		200 00	小时						120 00	
							小时							
							小时							

以上单据共 10 张 总计金额人民币（大写）零万壹仟肆佰零拾零元零角零分	经领人盖章	苏宁
预支旅费人民币￥1 500元，缴回现金人民币￥100元		

主管　　　　审核　谢凯华　　　　出纳　王华　　　　填报人　苏宁

图4-7　差旅费报销单

现金收入凭单　　　　第　　号

对方科目编号	

附件 5 张　　　　2015年8月15日

用款事项：交回多余差旅费

现金收讫

人民币(大写)：壹佰元整　　　　￥100.00

交款人： 苏宁 （签章）	主管 人员：文丽 （签章）	会计 人员：肖克 （签章）	出纳员 收讫：王华 （签章）

图4-8　现金收入凭单

【业务4】 8月18日，以银行存款支付水费，其中：价款3 000元（每立方米2元）、增值税税额390元，相关单据如图4-9~图4-11所示。

44010087456　　广东省增值税专用发票　　№ 04293125

发票联

开票日期：2015 年 08 月 18 日

购货单位	名　　称：广州安逸家纺有限公司 纳税人识别号：440101964010608 地 址 电 话：广州市中山大道 12 号 开户行及账号：工行越秀支行 6222910400319191			密码区	3 < > 20-3+8+7 < +5-2+487 <　加密版本号：4 > +6059/3477626-/-+/8 >　23 1 < 12/5 < 1++/28220*49/0　2400232206 > 5 < 24- > > 3*05/ > > 92 07881134		
货物或应税劳务名称	规格型号	单位	数量	单价	金额	税率	税额
水			1500	2.00	3000.00	13%	390.00
合　计					3000.00		390.00
价税合计（大写）	⊗叁仟叁佰玖拾元整				（小写）¥3390.00		
销货单位	名　　称：广州市自来水公司 纳税人识别号：440102708258082 地 址 电 话：广州市解放路 18 号 开户行及账号：工行解放路支行 62220200033411			备注	广州市自来水公司 440102708258082 发票专用章		

第三联：发票联　购货方记账凭证

收款人：许文燕　　复核：苏青　　开票人：林琳　　销货单位：（章）

图 4-9　增值税专用发票（发票联）

44010087456　　广东省增值税专用发票　　№ 04293836

抵扣联

开票日期：2015 年 08 月 18 日

购货单位	名　　称：广州安逸家纺有限公司 纳税人识别号：440101964010608 地 址 电 话：广州市中山大道 12 号 开户行及账号：工行越秀支行 6222910400319191			密码区	3 < > 20-3+8+7 < +5-2+487 <　加密版本号：4 > +6059/3477626-/-+/8 >　23 1 < 12/5 < 1++/28220*49/0　32400232206 > 5 < 24- > > 3*05/ > > 92 07881134		
货物或应税劳务名称	规格型号	单位	数量	单价	金额	税率	税额
水			1500	2.00	3000.00	13%	390.00
合　计					3000.00		390.00
价税合计（大写）	⊗叁仟叁佰玖拾元整				（小写）¥3390.00		
销货单位	名　　称：广州市自来水公司 纳税人识别号：440102708258082 地 址 电 话：广州市解放路 18 号 开户行及账号：工行解放路支行 62220200033411			备注	广州市自来水公司 440102708258082 发票专用章		

第二联：抵扣联　购货方扣税凭证

收款人：许文燕　　复核：苏青　　开票人：林琳　　销货单位：（章）

图 4-10　增值税专用发票（抵扣联）

中国工商银行　　广东省分行营业部　　批扣借方凭证（回单）

INDUSTRIAL AND COMMERCIAL BANK OF CHINA　　N0:091112005000001561

业务日期　2015 年 08 月 18 日

付款人	全　称	广州安逸家纺有限公司	收款人	全　称	广州市自来水公司
	账　号	6222910400319191		账　号	6222020003341 1
	开户银行	工行广州越秀支行		开户银行	工行解放路支行
金额	人民币（大写）叁仟叁佰玖拾元整		千 百 十 万 千 百 十 元 角 分		¥ 3 3 9 0 0 0
摘要	水费				
备注					

核算用章(04)　2015.8.18　王山

工行网站：WWW.ICBC.COM.CN　　打印日期：2015 年 08 月 18 日

服务热线电话：95588

图 4-11　回单

【**业务 5**】 8 月 19 日，网上支付缝纫加工部租入机器设备的修理费，价款 1 000 元，增值税税额 170 元，相关单据如图 4-12～图 4-14 所示。

4401124140　　**广东省增值税专用发票**　　№ 14106712

抵扣联

开票日期：2015 年 08 月 19 日

购货单位	名　称：广州安逸家纺有限公司 纳税人识别号：440101964010608 地 址 电 话：广州市中山大道 12 号 开户行及账号：工行越秀支行 6222910400319191			密码区	3<>10-3+8+7<+5-2+487< 加密版本号：4> +6039/3412626-/-+/7>　131<12/5< 1++/28220*49/0　32400232206>4<23->> 3*05/>>92　07881679		
货物或应税劳务名称	规格型号	单位	数量	单价	金额	税率	税额
修理费					1000.00	17%	170.00
合计					1000.00		170.00
价税合计（大写）	⊗ 壹仟壹佰柒拾元整			（小写）¥ 1170.00			
销货单位	名　称：广州艾美特机械有限公司 纳税人识别号：440104197060783 2 地 址 电 话：广州大南路 80 号 开户行及账号：工商银行越秀支行 6222243331763			备注			

第二联　抵扣联　购货方扣税凭证

收款人：赵华　　复核：李珊　　开票人：王林　　销货单位：（章）

图 4-12　增值税专用发票（抵扣联）

4401124140	广东省增值税专用发票 发票联	№ 14106712
		开票日期：2015 年 08 月 19 日

购货单位	名称：广州安逸家纺有限公司 纳税人识别号：440101964010608 地址电话：广州市中山大道 12 号 开户行及账号：工行越秀支行 6222910400319191	密码区	3＜＞10-3+8+7＜+5-2+487＜ 加密版本号： 4＞+6039/3412626-/-+/7＞ 131＜12/5＜ 1++/28220*49/0 32400232206＞4＜23-＞ ＞3*05/＞＞92 07881679

货物或应税劳务名称	规格型号	单位	数量	单价	金额	税率	税额
修理费					1000.00	17%	170.00
合计					1000.00		170.00
价税合计（大写）	⊗ 壹仟壹佰柒拾元整				（小写）￥1170.00		

销货单位	名称：广州艾美特机械有限公司 纳税人识别号：4401041970607832 地址电话：广州大南路 80 号 开户行及账号：工商银行越秀支行 6222243331763	备注	广州艾美特机械有限公司 4401041970607832 发票专用章

收款人：赵华　　复核：李珊　　开票人：王林　　销货单位：（章）

第三联 发票联 购货方记账凭证

图 4-13　增值税专用发票（发票联）

中国工商银行　网上银行电子回单

电子回单号码：0005-7785-0312-1418

付款人	户名	广州安逸家纺有限公司	收款人	户名	广州艾美特机械有限公司
	账号	6222910400319191		账号	6222243331763
	开户银行	工行广州越秀支行		开户银行	工行广州越秀支行
金额		人民币（大写）：壹仟壹佰柒拾元整　￥1170.00			
摘要		支付修理费	业务（产品）种类		转账
用途		修理费			
交易流水号		55100211	时间戳		2015-08-19-12.51.40.839611
中国工商银行 电子回单专用章		备注： 验证码：pkctW5Uzemq/TeMFo4jxpCBjHRs=			
记账网点	0220	记账柜员	00021	记账日期	2015 年 08 月 19 日

打印日期：2015 年 08 月 19 日

重要提示：

1. 如果您是收款方，请到工行网站 www.icbc.com.cn 电子回单验证处进行回单验证。
2. 本回单不作为收款方发货依据，并请勿重复记账。
3. 您可以选择发送邮件，将此电子回单发送给指定的接收人。

图 4-14　电子回单

【业务6】 8月21日，开出现金购买各部门办公用品1 800元，其中：裁剪部400元、缝纫加工部500元、整理包装部400元、管理部门500元，相关单据如图4-15、图4-16所示。

广州王府井百货有限责任公司

广东省广州市国家税务局通用机打发票

发票联

发票代码 144012222

发票号码 00181254

开票日期：2015-08-21 行业分类： 商业 00181254

顾客名称： 广州安逸家纺有限公司

地址：

项目	单位	数量	单价	金额
办公用品	份	18	100.00	1800.00

合计金额大写（人民币）： ⊗壹仟捌佰元整 合计金额小写：¥1800.00

备注：

开票人：王红 收款人：李春天 开票单位（盖章）：广州王府井百货有限责任公司

（印章：广州王府井百货有限责任公司 440102231256060 发票专用章）

第一联 发票联（购货单位付款凭证）（手写无效）

本发票限于二〇一五年十二月底前开具 本发票开具合计金额超过拾万元无效

图4-15 发票

中国工商银行 网上银行电子回单

电子回单号码：0005-7785-0312-1489

付款人	户 名	广州安逸家纺有限公司	收款人	户 名	广州王府井百货有限责任公司
	账 号	6222910400319191		账 号	62220200033411
	开户银行	工行广州越秀支行		开户银行	工行广州农林路支行
金 额		人民币（大写）：壹仟捌佰元整 ¥1800.00			
摘 要		购买办公用品	业务（产品）种类		转账
用 途		办公费			
交易流水号		55100128	时间戳		2015-08-21-16.51.40.839611
（印章：中国工商银行 电子回单专用章）		备注： 验证码：pkctW5Uzemq/TeMFo4jxpCBjHRs=			

记账网点	0220	记账柜员	00021	记账日期	2015年08月21日

打印日期：2015年08月21日

重要提示：

1. 如果您是收款方，请到工行网站www.icbc.com.cn电子回单验证处进行回单验证。
2. 本回单不作为收款方发货依据，并请勿重复记账。
3. 您可以选择发送邮件，将此电子回单发送给指定的接收人。

图4-16 电子回单

【业务 7】 8 月 31 日，分配本月电费 6 500 元。各部门照明用电按实际耗用度数计算，各基本生产车间动力用电按实际工时分配，如表 4-5、表 4-6 所示。

表 4-5　　安逸家纺有限公司电费汇总表

2015 年 8 月 31 日　　单位：元

部门	动力用电	照明用电	合计	备注
裁剪部	2 000	300	2 300	动力用电须按照工时分配给各批产品
缝纫加工部	1 800	300	2 100	
整理包装部	1 400	200	1 600	
管理部门		500	500	
合计	5 200	1 300	6 500	

编制：骆文佳　　审核：朱明天

表 4-6　　安逸家纺有限公司动力费用分配表

2015 年 8 月 31 日

车间或部门	批号	产品名称	实际工时	分配率	分配金额（元）
裁剪部	0801	30cm×30cm 抱枕套			
	0805	40cm×40cm 抱枕套			
	0807	50cm×50cm 抱枕套			
	0826	40cm×65cm 信封枕套			
	小计				
缝纫加工部	0801	30cm×30cm 抱枕套			
	0805	40cm×40cm 抱枕套			
	0807	50cm×50cm 抱枕套			
	0826	40cm×65cm 信封枕套			
	小计				
整理包装部	0801	30cm×30cm 抱枕套			
	0805	40cm×40cm 抱枕套			
	0807	50cm×50cm 抱枕套			
	0826	40cm×65cm 信封枕套			
	小计				
生产成本合计	0801	30cm×30cm 抱枕套			
	0805	40cm×40cm 抱枕套			
	0807	50cm×50cm 抱枕套			
	0826	40cm×65cm 信封枕套			

备注：分配率保留三位小数，金额保留 2 位小数，最后一个产品用减法倒求。

编制：骆文佳　　审核：朱明天

【业务 8】 8 月 31 日，按部门、产品批别汇总本月领料单、退料单，编制耗用材料汇总表，如表 4-7 所示。

表 4-7 **安逸家纺有限公司耗用材料汇总表**

2015 年 8 月 31 日 单位：元

部	批号	产品名称	主要材料	辅助材料	包装物	劳保用品	合计
裁剪部	0801	30cm×30cm 抱枕套	26 000	8 000		2 000	36 000
	0805	40cm×40cm 抱枕套	38 000	9 000		1 000	48 000
	0807	50cm×50cm 抱枕套	65 800	12 000		1 500	79 300
	0826	40cm×65cm 信封枕套	58 000	13 100		900	72 000
	一般消耗					600	600
缝纫加工部	0801	30cm×30cm 抱枕套		3 500		600	4 100
	0805	40cm×40cm 抱枕套		4 600		500	5 100
	0807	50cm×50cm 抱枕套		3 000		400	3 400
	0826	40cm×65cm 信封枕套		2 000		300	2 300
	一般消耗			600		400	1 000
整理包装部	0801	30cm×30cm 抱枕套			900	200	1 100
	0805	40cm×40cm 抱枕套			1 000	200	1 200
	0807	50cm×50cm 抱枕套			1 200	180	1 380
	0826	40cm×65cm 信封枕套					
	一般消耗					500	500
合计			187 800	55 800	3 100	9 280	255 980
生产成本合计	0801	30cm×30cm 抱枕套					
	0805	40cm×40cm 抱枕套					
	0807	50cm×50cm 抱枕套					
	0826	40cm×65cm 信封枕套					

编制：骆文佳 审核：朱明天

【业务 9】 8 月 31 日，按实际工时分配本月工资，如表 4-8、表 4-9 所示。

表 4-8 **安逸家纺有限公司工资结算表**

2015 年 8 月 31 日

部门	人员类别	金额（元）	备注
裁剪部	生产工人	30 000	生产工人工资须按照工时分配给各批产品
	管理人员	5 000	
缝纫加工部	生产工人	36 000	
	管理人员	4 000	
整理包装部	生产工人	20 000	
	管理人员	4 500	
管理部门	管理人员	20 000	
合计		119 500	

编制：骆文佳 审核：朱明天

表 4-9　　　　安逸家纺有限公司工资分配表

2015 年 8 月 31 日　　　　单位：元

车间、部门	批号	产品名称	工资费用		
			实际工时	分配率	金额（元）
裁剪部	0801	30cm×30cm 抱枕套			
	0805	40cm×40cm 抱枕套			
	0807	50cm×50cm 抱枕套			
	0826	40cm×65cm 信封枕套			
	小计				
缝纫加工部	0801	30cm×30cm 抱枕套			
	0805	40cm×40cm 抱枕套			
	0807	50cm×50cm 抱枕套			
	0826	40cm×65cm 信封枕套			
	小计				
整理包装部	0801	30cm×30cm 抱枕套			
	0805	40cm×40cm 抱枕套			
	0807	50cm×50cm 抱枕套			
	0826	40cm×65cm 信封枕套			
	小计				
生产工人工资	0801	30cm×30cm 抱枕套			
	0805	40cm×40cm 抱枕套			
	0807	50cm×50cm 抱枕套			
	0826	40cm×65cm 信封枕套			

备注：分配率保留三位小数，金额保留 2 位小数，最后一个产品用减法倒求。

编制：骆文佳　　　　审核：朱明天

【业务 10】8 月 31 日，按工资总额的 5%、2%、2.5%计提本月职工福利费、工会经费、职工教育经费，如表 4-10 所示。

表 4-10　　　　安逸家纺有限公司职工福利费计算表

2015 年 8 月 31 日　　　　单位：元

应借科目	明细项目	工资总额	福利费 5%	工会经费 2%	职工教育经费 2.5%	合计
基本生产成本	30cm×30cm 抱枕套	24 077				
	40cm×40cm 抱枕套	26 649				
	50cm×50cm 抱枕套	28 848				
	40cm×65cm 信封枕套	6 426				
制造费用	裁剪部	5 000				
	缝纫加工部	4 000				
	整理包装部	4 500				
管理费用	福利费	20 000				
合计		119 500				

编制：骆文佳　　　　审核：朱明天

【业务 11】 8 月 31 日，按职工岗位分配企业及职工负担的社会保险费（假设按本月工资总额为基数计算），如表 4-11 所示。

表 4-11　　　　安逸家纺有限公司职工社会保险费计算表

2015 年 8 月 31 日　　　　单位：元

应借科目	明细项目	工资总额	养老保险 12%	失业保险 2%	医疗保险 8%	工伤保险 0.5%	生育保险 0.85%	合计
基本生产成本	30cm×30cm 抱枕套							
	40cm×40cm 抱枕套							
	50cm×50cm 抱枕套							
	40cm×65cm 信封枕套							
制造费用	裁剪部							
	缝纫加工部							
	整理包装部							
管理费用	社会保险费							
合计								

编制：骆文佳　　　　审核：朱明天

【业务 12】 8 月 31 日，按职工岗位分配企业为职工支付的住房公积金（假设按本月工资总额为基数计算），如表 4-12 所示。

表 4-12　　　　安逸家纺有限公司住房公积金计算表

2015 年 8 月 31 日　　　　单位：元

应借科目	明细项目	工资总额	单位负担 12%	个人负担 12%	合计
基本生产成本	30cm×30cm 抱枕套				
	40cm×40cm 抱枕套				
	50cm×50cm 抱枕套				
	40cm×65cm 信封枕套				
制造费用	裁剪部				
	缝纫加工部				
	整理包装部				
管理费用	住房公积金				
合计					

编制：骆文佳　　　　审核：朱明天

【业务 13】 8 月 31 日，计算本月固定资产折旧，如表 4-13、表 4-14 所示。

表 4-13 安逸家纺有限公司固定资产折旧计算表

2015 年 8 月 31 日　　单位：元

类别	资产编码及名称	使用期限（月）	已使用（月）	原值（元）	净残值率（%）	本期折旧（元）	期末净值（元）
办公设备	01 办公家私	60	20	5 000	250	79.17	
	02 传真机	60	20	1 800	90	28.5	
	06 格力空调	48	20	8 000	400	158.34	
	小计			14 800	740	266.01	
运输设备	03 厢式运输车 A	60	20	120 000	6 000	1 900	
	08 厢式运输车 B	60	20	150 000	7 500	2 375	
	小计			270 000	13 500	4 275	
生产设备	04 梳理流水线 A	120	20	180 000	9 000	1 425	
	05 梳理流水线 B	120	20	140 000	7 000	1 108.34	
	小计			320 000	16 000	2 533.34	
合计				604 800	30 240	7 074.35	

备注：运输设备的折旧均计入管理费用。

编制：骆文佳　　审核：朱明天

表 4-14 安逸家纺有限公司折旧费用分配表

2015 年 8 月 31 日

应借科目	明细项目	工时（小时）	分配率	金额（元）
制造费用	裁剪部			
	缝纫加工部			
	整理包装部			
	小计			
管理费用	折旧费			
合计				

备注：分配率保留两位小数，金额保留两位小数，最后一个产品用减法倒求。

编制：骆文佳　　审核：朱明天

【业务 14】8 月 31 日，按定额耗用量分配本月水费 5 000 元，如表 4-15 所示（每立方米 2 元）。

表 4-15 安逸家纺有限公司水费分配表

2015 年 8 月 31 日

部门	定额量（立方米）	单价（元）	金额（元）
裁剪部	400		800
缝纫加工部	400		800
整理包装部	400		800
行政部门	300		600
合计	1 500	2.00	3 000

编制：骆文佳　　审核：朱明天

【业务 15】 根据各部归集的制造费用总额（见表 4-22～表 4-24）按各车间工时分配制造费用，如表 4-16 所示。

表 4-16　　　　　安逸家纺有限公司制造费用分配表

2015 年 8 月 31 日

部门	批号	产品名称	工时（小时）	分配率	金额（元）
裁剪部	0801	30cm×30cm 抱枕套			
	0805	40cm×40cm 抱枕套			
	0807	50cm×50cm 抱枕套			
	0826	40cm×65cm 信封枕套			
	小计				
缝纫加工部	0801	30cm×30cm 抱枕套			
	0805	40cm×40cm 抱枕套			
	0807	50cm×50cm 抱枕套			
	0826	40cm×65cm 信封枕套			
	小计				
整理包装部	0801	30cm×30cm 抱枕套			
	0805	40cm×40cm 抱枕套			
	0807	50cm×50cm 抱枕套			
	0826	40cm×65cm 信封枕套			
	小计				
生产成本合计	0801	30cm×30cm 抱枕套			
	0805	40cm×40cm 抱枕套			
	0807	50cm×50cm 抱枕套			
	0826	40cm×65cm 信封枕套			

备注：分配率保留两位小数，金额保留两位小数，最后一个产品用减法倒求。

编制：骆文佳　　　　审核：朱明天

【业务 16】 8 月 31 日，计算出本月完工产品成本，如表 4-17 所示。

表 4-17　　　　　安逸家纺有限公司完工产品成本汇总表

2015 年 8 月 31 日　　　　　单位：元

产品批别	产量	单位	直接材料	直接人工	制造费用	总成本	单位成本
30cm×30cm 抱枕套		个					
40cm×40cm 抱枕套		个					
50cm×50cm 抱枕套		个					

编制：骆文佳　　　　审核：朱明天

4. 登记账簿

根据【业务 1】～【业务 16】逐笔登记各批别产品基本生产成本明细账（见表 4-18～表 4-21）

和下列各部的制造费用明细账（见表 4-22～表 4-24）。

表 4-18 **基本生产成本明细账**

产品批别：30cm×30cm 抱枕套　　批量：2 400 件　　2015 年 8 月 1 日投产，本月全部完工

年		凭证	摘要	合计	成本项目		
月	日	编号			直接材料	直接人工	制造费用

表 4-19 **基本生产成本明细账**

产品批别：40cm×40cm 抱枕套　　批量：2 600 件　　2015 年 8 月 5 日投产，本月完工 2 200 件

年		凭证	摘要	合计	成本项目		
月	日	编号			直接材料	直接人工	制造费用

续表

年		凭证编号	摘要	合计	成本项目		
月	日				直接材料	直接人工	制造费用

表 4-20 **基本生产成本明细账**

产品批别：50cm×50cm 抱枕套　　批量：3 000 个　　2015 年 8 月 7 日投产，本月完工 2 300 件

年		凭证编号	摘要	合计	成本项目		
月	日				直接材料	直接人工	制造费用

表 4-21 基本生产成本明细账

产品批别：40cm×65cm 信封枕套　　批量：3 000 件　　2015 年 8 月 26 日投产，本月全部未完工

年		凭证编号	摘要	合计	成本项目		
月	日				直接材料	直接人工	制造费用

表 4-22 制造费用明细分类账

明细科目：

年		凭证编号	摘要	合计	费用项目							
月	日											

表 4-23 **制造费用明细分类账**

明细科目:

2015年		凭证编号	摘要	合计	费用项目							
月	日											

表 4-24 **制造费用明细分类账**

明细科目:

2015年		凭证编号	摘要	合计	费用项目							
月	日											

实训五
逐步结转分步法成本核算

一、实训目的

通过对广州百佳五金制品有限公司的成本计算，掌握连续式多步骤生产企业的成本计算方法——逐步结转分步法（分项结转、综合结转）。

二、核算要求

（1）按产品生产步骤开设“基本生产成本明细账”。

（2）根据原始凭证或费用分配表填制记账凭证。

（3）根据记账凭证逐笔登记“制造费用明细账”“基本生产成本明细账”。

（4）月末，归集和分配制造费用、辅助生产成本。

（5）由各生产步骤计算出某产品在本步骤所发生的各种费用；然后将各生产步骤该产品所发生的费用在最终产品与月末在产品之间进行分配（采用约当产量法进行分配），确定各生产步骤完工半成品、产成品成本。

（6）月末，计算完工产品总成本和单位产品成本。

（7）月末，进行结账。

（8）规范装订记账凭证。

三、实训资料

广州百佳五金制品有限公司是一家生产五金产品的企业，该公司采用全硅胶脱蜡精密铸造工艺专业生产不锈钢精铸件、合金钢精密铸件。主要产品有：①建筑用五金，如玻璃门夹、门把手、锁具、驳接爪、支脚等；②五金精密件，如日用五金、餐具厨具、电动工具、电动挂件、汽摩配件等。该企业设有行政管理部门和模具（一车间）、铸造（二车间）、加工（三车间）三个基本生产车间。生产过程属于连续加工式的多步骤大量大批生产。2015 年 1 月，公司生产门把手，管理层要求计算各步骤半成品成本，因此，采用逐步结转分步法计算模具、半成品、产成品的成本，月末按约当产量法计算在产品成本。生产工艺流程如图 5-1 所示。

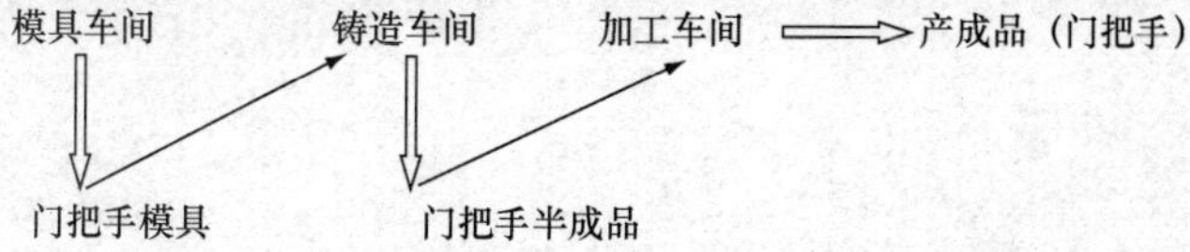

图 5-1　广州百佳五金制品有限公司生产工艺流程

模具（一车间）：首先由一车间根据产品订单设计产品模具，进行射蜡、组树、沾浆、淋砂、脱蜡，生产出模具后转入二车间。

铸造（二车间）：将模具进行浇铸、震壳、切割、打磨，形成半成品。

加工（三车间）：将半成品进行酸洗、悬挂、整形、侧漏、机加工、清洗，检验合格后入产成品仓库。

1. 相关资料

（1）产量资料如表5-1所示。

表5-1　　广州百佳五金制品有限公司产量统计表

2015年7月　　单位：件

产品名称	月初在产品	本月投入	本月完工	月末在产品
门把手模具	600	7 000	6 700	900
门把手半成品	750	6 700	6 800	650
门把手	900	6 800	7 000	700
投料方式	投料方式：材料生产时一次投入，在产品完工程度均为60%			

（2）机器工时如表5-2所示。

表5-2　　广州百佳五金制品有限公司工时统计表

2015年7月

车间	产品	机器工时
一车间（模具）	门把手模具	2 400
二车间（铸造）	门把手半成品	2 500
三车间（加工）	门把手产成品	2 600

（3）广州百佳五金制品有限公司月初在产品成本如表5-3所示。

表5-3　　广州百佳五金制品有限公司月初在产品成本

单位：元

车间	直接材料	直接人工	制造费用	合计
一车间（模具）	4 000	3 000	2 000	9 000
二车间（铸造）	5 000	4 000	2 500	9 500
三车间（加工）	6 000	5 000	3 000	14 000

2. 要求采用综合结转及分项结转两种方法计算完工产品成本

3. 2015年7月发生如下经济业务

【业务1】2015年7月7日，模具车间刘星出差归来报销差旅费1 400元（原借款1 200元），相关单据如图5-2、图5-3所示。

差旅费报销单

单位名称：广州百佳五金制品有限公司　　　　填报日期：　2015年07月07日

姓　名	刘星	出　差地　点	武汉	出　差日　期	自2015年07月04日 至2015年07月07日
事由	公差				

日期			起讫地点		车船费			在途补助			住勤补助				杂（宿）费		备注
年	月	日	起	讫	类别	金额		行程时间	标准	金额	日数	标准	金额				
2015	07	04	广州	武汉		400	00	小时			3	40	120	00	480	00	
	07	07	武汉	广州		400	00	小时									
								小时									
								小时									

以上单据共 10 张，总计金额人民币（大写）零万壹仟肆佰零拾零元零角零分 预支旅费人民币￥1 400元，补给人民币￥200元	经领人盖章	刘星

主管：　　　　审核：张新　　　　出纳：成越　　　　填报人：刘星

图5-2　差旅报销单

现金支出凭单

第　　号

附件 1 张　　　　2015年07月07日

对方科目编　　号	

用款事项：补给差旅费

人民币（大写）：贰佰元整　　　　￥200.00

现金付讫

收款人：刘星（签章）	主管人员：张新（签章）	会计人员：邓玲（签章）	出纳员收讫：成越（签章）

图5-3　现金支出凭单

【业务2】2015年7月8日，加工车间购买暖风机两台，价款600元，相关单据如图5-4、图5-5所示。

广州王府井百货有限责任公司

广东省广州市国家税务局通用机打发票

发票联

发票代码 144011220137

发票号码 00119506

00089578

开票日期：2015-07-08　行业分类：　商业

顾客名称：　　广州百佳五金制品有限公司

地址：

项目	单位	数量	单价	金额
暖风机	台	2	300.00	600.00

合计金额大写(人民币)：⊗陆佰元整　　　　600.00

备注：

广州王府井百货有限责任公司 440102231456960 发票专用章

开票人：李达　　收款人：李文　　开票单位（盖章）：广州王府井百货有限责任公司

第一联　发票联（购货单位付款凭证）（手写无效）

本发票限于二〇一五年十二月底前开具　　　　本发票开具合计金额超过拾万元无效

图5-4　发票

现 金 支 出 凭 单　　　第　　号

附件 1 张　　　2015 年 07 月 08 日

对方科目编号	

用款事项：购买暖风机

现金付讫

人民币（大写）陆佰元整　　¥600.00

收款人：	主管	会计	出纳员
方怡凡	人员：张新	人员：邓玲	收 讫：成越
（签章）	（签章）	（签章）	（签章）

图 5-5　现金支出凭单

【业务 3】2015 年 7 月 8 日，开出支票支付铸造车间专有技术使用费 1 500 元，增值税税额 90 元，相关单据如图 5-6～图 5-8 所示。

4401124140　　**深圳增值税专用发票**　　№ 14102934

全国统一发票监制章 广东 国家税务局监制

抵扣联

开票日期：2015 年 07 月 08 日

购货单位	名称：广州百佳五金制品有限公司 纳税人识别号：440122312570622 地址电话：广州越秀区白云路 21 号 开户行及账号：工行广州越秀支行 6222001200158693	密码区	3 < > 10-3+8+7 < +5-2+487 < 加密版本号：4 > +6039/3412626-/-+/7 > 13 1 < 12/5 < 1++/28220*49/0 3240023220 6>4<23->>3*05/>>92 07881679

货物或应税劳务名称	规格型号	单位	数量	单价	金额	税率	税额
专有技术服务费				1500.00	1500.00	6%	90.00
合计					1500.00		90.00
价税合计（大写）	⊗壹仟伍佰玖拾元整				（小写）¥1590.00		

销货单位	名称：深圳美林科技有限责任公司 纳税人识别号：4403041970605432 地址电话：深圳深南路 70 号 开户行及账号：工行深南支行 6222001033176321	备注	深圳美林科技有限责任公司 4403041970605432 发票专用章

第二联 抵扣联 购货方扣税凭证

收款人：赵芳华　　复核：李玲娜　　开票人：顾春明　　销货单位：（章）

图 5-6　增值税专用发票（抵扣联）

图5-5 现金支出凭单

【业务3】2015年7月8日，[illegible]1 800元，[illegible]90元，[illegible]图5-6、[illegible]所示。

图5-6 [illegible]（[illegible]）

4401124140　　深圳增值税专用发票　　№ 14102934

发票联　　开票日期：2015 年 07 月 08 日

购货单位	名　称：广州百佳五金制品有限公司 纳税人识别号：440122312570622 地 址 电 话：广州越秀区白云路 21 号 开户行及账号：工行广州越秀支行 6222001200158693	密码区	3 < > 10-3+8+7 < +5-2+487 <　加密版本号： 4 > +6039/3412626-/-+/7 >　13 1 < 12/5 < 1++/28220*49/0　3240023220 6>4<23->>3*05/>>92　07881679

货物或应税劳务名称	规格型号	单位	数量	单价	金额	税率	税额
专有技术服务费				1 500.00	1500.00	6%	90.00
合计					1500.00		90.00
价税合计（大写）	⊗ 壹仟伍佰玖拾元整				（小写）¥ 1590.00		

销货单位	名　称：深圳美林科技有限责任公司 纳税人识别号：4401041970608124 地 址 电 话：深圳深南路 70 号 开户行及账号：工行深南支行 6222001033176321	备注	深圳美林科技有限责任公司 4403041970605432 发票专用章

收款人：赵芳华　　复核：李玲娜　　开票人：顾春明　　销货单位：（章）

第三联 发票联 购货方记账凭证

图 5-7　增值税专用发票（发票联）

中国工商银行　网上银行电子回单

电子回单号码：0005-7785-1246-1200

付款人	户　名	广州百佳五金制品有限公司	收款人	户　名	深圳美林科技有限责任公司
	账　号	6222001200158693		账　号	6222001033176321
	开户银行	广州越秀区白云路支行		开户银行	工商银行深圳深南支行
金　额		人民币（大写）：壹仟伍佰玖拾元整　¥ 1590.00			
摘　要		支付专利技术费	业务（产品）种类		转账
用　途		专利技术费			
交易流水号		55101349	时间戳		2015-07-08-11.51.40.839611
中国工商银行 电子回单 专用章		备注： 验证码：pkctW5Uzemq/TeMFo4jxpCBjHRs=			
记账网点	0220	记账柜员	00021	记账日期	2015 年 07 月 08 日

打印日期：2015 年 07 月 08 日

重要提示：

1. 如果您是收款方，请到工行网站 www.icbc.com.cn 电子回单验证处进行回单验证。
2. 本回单不作为收款方发货依据，并请勿重复记账。
3. 您可以选择发送邮件，将此电子回单发送给指定的接收人。

图 5-8　电子回单

【业务 4】 2015 年 7 月 12 日支付本月电费 15 210 元，其中价款 13 000 元、增值税税额 2 210 元，相关单据如图 5-9～图 5-11 所示。

4400053127　　**广东增值税专用发票**　　№ 07422989

抵 扣 联　　开 票日期：2015 年 07 月 12 日

购货单位	名　　称：广州百佳五金制品有限公司 纳税人识别号：440122312570622 地 址 电 话：广州越秀区白云路 21 号 开户行及账号：工行广州越秀支行 6222001200158693			密码区	3<>40-3+8+7<+5-2+235< 加密版本号： 3>+6059/8739021-/-+/9> 57 2<12/5<1++/27580*49/0 6787589210 6>3<46->>3*13/>>34 09876523			第二联 抵扣联 购货方扣税凭证
货物或应税劳务名称	规格型号	单位	数量	单价	金额	税率	税额	
电		度	20000	0.65	13000.00	17%	2210.00	
合　计					13000.00		2210.00	
价税合计（大写）	⊗壹万伍仟贰佰壹拾元整				（小写）￥15210.00			
销货单位	名　　称：广州市电力局 纳税人识别号：440102190336311 地 址 电 话：广州市天河路 50 号 开户行及账号：建行广州市天河路支行			备注	广州市电力局 440102190336311 发票专用章			

收款人：刘可　　复核：于明　　开票人：柳静　　销货单位：（章）

图 5-9　增值税专用发票（抵扣联）

4401054531　　**广东增值税专用发票**　　№ 00036789

发 票 联　　开票日期：2015 年 07 月 12 日

购货单位	名　　称：广州百佳五金制品有限公司 纳税人识别号：440122312570622 地 址 电 话：广州越秀区白云路 21 号 开户行及账号：工行广州越秀支行 6222001200158693			密码区	3<>40-3+8+7<+5-2+235< 加密版本号： 3>+6059/8739021-/-+/9> 57 2<12/5<1++/27580*49/0 6787589210 6>3<46->>3*13/>>34 09876523			第三联 发票联 购货方记账凭证
货物或应税劳务名称	规格型号	单位	数量	单价	金额	税率	税额	
电		度	20000	0.65	13000.00	17%	2210.00	
合　计					13000.00		2210.00	
价税合计（大写）	⊗壹万伍仟贰佰壹拾元整				（小写）￥15210.00			
销货单位	名　　称：广州市电力局 纳税人识别号：440102190336311 地 址 电 话：广州市天河路 50 号 开户行及账号：建行广州市天河路支行			备注	广州市电力局 440102190336311 发票专用章			

收款人：刘可　　复核：于明　　开票人：柳静　　销货单位：（章）

图 5-10　增值税专用发票（发票联）

中国工商银行 广东省分行营业部 批扣借方凭证（回单）

INDUSTRIAL AND COMMERCIAL BANK OF CHINA N0:091112005000001423

业务日期 2015年07月12日

付款人	全称	广州百佳五金制品有限公司	收款人	全称	广州市电力局
	账号	6222001200158693		账号	62220212439859
	开户银行	工行广州越秀支行		开户银行	一支行营业室
金额	人民币（大写）壹万伍仟贰佰壹拾元整			千百十万千百十元角分	¥1 5 2 1 0 0 0
摘要	电费				
备注					

中国工商银行股份有限公司广州越秀支行 2015.7.12 核算用章(04) 王山

工行网站：WWW.ICBC.COM.CN 打印日期：2015年07月12日

服务热线电话：95588

图5-11 回单

【业务5】 2015年7月21日，以银行存款支付水费5 650元，其中价款5 000元、增值税税额650元，相关单据如图5-12～图5-14所示。

4401054531 广东增值税专用发票 № 00036789

抵扣联 开票日期：2015年07月21日

购货单位	名称：广州百佳五金制品有限公司 纳税人识别号：440122312570622 地址电话：广州越秀区白云路21号 开户行及账号：工行广州越秀支行 6222-0012-0015-8693		密码区	5<>20-3+8+7<+5-2+127< 加密版本号： 3>+4059/3472611-/-+/9> 57 1<12/5<1++/28220*49/0 8791223191 7>5<14->>3*05/>>92 23756901			
货物或应税劳务名称	规格型号	单位	数量	单价	金额	税率	税额
水		立方米	2000	2.50	5000.00	13%	650.00
合计					5000.00		650.00
价税合计（大写）	⊗伍仟陆佰伍拾元整				（小写）¥5650.00		
销货单位	名称：广州市自来水公司 纳税人识别号：440100687667300 地址电话：广州市荔湾区康泰路48号 开户行及账号：工行广州市康泰路支行 6222020003341122		备注	广州自来水公司 440100687667300 发票专用章			

第二联 抵扣联 购货方扣税凭证

收款人：安琪 复核：石俊杰 开票人：林丹丹 销货单位：（章）

图5-12 增值税专用发票（抵扣联）

4401054531　　　　　　　　　　　　　　　　　　№ 00036789

广东增值税专用发票

发 票 联　　　　　　　　　　　　　　　　开票日期：2015 年 07 月 21 日

购货单位	名　　称：广州百佳五金制品有限公司 纳税人识别号：440122312570622 地 址 电 话：广州越秀区白云路 21 号 开户行及账号：工行广州越秀支行 6222001200158693	密码区	5<>20-3+8+7<+5-2+127< 加密版本号： 3>+4059/3472611-/-+/9> 57 1<12/5<1++/28220*49/0 8791223191 7>5<14->>3*05/>>92 23756901

货物或应税劳务名称	规格型号	单位	数量	单价	金额	税率	税额
水		立方米	2000	2.50	5000.00	13%	650.00
合　计					5000.00		650.00
价税合计（大写）	⊗伍仟陆佰伍拾元整				（小写）￥5650.00		

销货单位	名　　称：广州市自来水公司 纳税人识别号：440100687667300 地 址 电 话：广州市荔湾区康泰路 48 号 开户行及账号：工行广州市康泰路支行 6222020003341122	备注	广州自来水公司 440100687667300 发票专用章

收款人：安琪　　　复核：石俊杰　　　开票人：林丹丹　　　销货单位：（章）

第三联 发票联 购货方记账凭证

图 5-13　增值税专用发票（发票联）

中国工商银行　　　广东省分行营业部　　　批扣借方凭证（回单）

INDUSTRIAL AND COMMERCIAL BANK OF CHINA　　　N0:091112005000001423

业务日期　2015 年 07 月 21 日

付款人	全　称	广州百佳五金制品有限公司	收款人	全　称	广州市自来水公司
	账　号	6222001200158693		账　号	6222020003341122
	开户银行	工行广州越秀支行		开户银行	工行广州市康泰路支行
金额	人民币（大写）伍仟陆佰伍拾元整			千 百 十 万 千 百 十 元 角 分	￥ 5 6 5 0 0 0
摘要	水费				
备注					

中国工商银行股份有限公司广州康泰路支行 2015.7.21 核算用章(04) 王山

工行网站：WWW.ICBC.COM.CN　　　打印日期：2015 年 07 月 21 日

服务热线电话：95588

图 5-14　回单

【业务 6】 2015 年 7 月 25 日，加工车间林达报销培训费 2 000 元，相关单据如图 5-15 所示。

中国工商银行　网上银行电子回单

电子回单号码：0005-7785-3459-1000

付款人	户　名	广州百佳五金制品有限公司	收款人	户　名	广东省财政职业技术学院
	账　号	6222001200158693		账　号	6222123400314578
	开户银行	广州越秀支行		开户银行	工行广州越秀支行
金　额		人民币（大写）：贰仟元整　　¥2000.00			
摘　要		支付培训费	业务（产品）种类		转账
用　途		培训费			
交易流水号		55107159	时间戳		2015-07-25-17.51.50.839733
中国工商银行 电子回单 专用章		备注： 验证码：pkctW5Uzemq/TeMFo4jxpCBjHRs=			

记账网点	0220	记账柜员	00018	记账日期	2015 年 07 月 25 日

打印日期：2015 年 07 月 25 日

重要提示：

1. 如果您是收款方，请到工行网站 www.icbc.com.cn 电子回单验证处进行回单验证。
2. 本回单不作为收款方发货依据，并请勿重复记账。
3. 您可以选择发送邮件，将此电子回单发送给指定的接收人。

图 5-15　电子回单

【业务 7】2015 年 7 月 29 日，网上支付购买办公用品 2 000 元，其中，模具车间 600 元，铸造车间 800 元，加工车间 600 元，相关单据如图 5-16、图 5-17 所示。

广州王府井百货有限责任公司　　广东省广州市国家税务局通用机打发票　　发票代码 144011122

发票联　　发票号码 01289487

开票日期：2015-07-29　　行业分类：　商业　　01265321

顾客名称：　广州百佳五金制品有限公司

地址：

项目	单位	数量	单价	金额
办公用品	件	20	100.00	2000.00

合计金额大写(人民币)：　⊗贰仟元整　　合计金额小写：　¥2000.00

（印章：广州王府井百货有限责任公司 440102231256060 发票专用章）

备注：

开票人：李力珊　　收款人：黄琳娜　　开票单位（盖章）：广州王府井百货有限责任公司

第一联　发票联（购货单位付款凭证）（手写无效）

本发票限于二〇一五年十二月底前开具　　本发票开具合计金额超过拾万元无效

图 5-16　发票

中国工商银行 网上银行电子回单

电子回单号码：0005-7785-3459-1000

付款人	户 名	广州百佳五金制品有限公司	收款人	户 名	广州王府井百货有限责任公司
	账 号	6222001200158693		账 号	6222320912311122
	开户银行	广州越秀支行		开户银行	工行广州越秀支行
金 额		人民币（大写）：贰仟元整 ￥2000.00 元			
摘 要		购买办公用品	业务（产品）种类		转账
用 途		办公费			
交易流水号		55108257	时间戳		2015-07-29-11.51.50.839990
中国工商银行 电子回单 专用章		备注：			
		验证码：pkctW5Uzemq/TeMFo4jxpCBjHRs=			
记账网点		0220	记账柜员 00018	记账日期	2015 年 07 月 29 日

打印日期：2015 年 07 月 29 日

重要提示：

1. 如果您是收款方，请到工行网站 www.icbc.com.cn 电子回单验证处进行回单验证。
2. 本回单不作为收款方发货依据，并请勿重复记账。
3. 您可以选择发送邮件，将此电子回单发送给指定的接收人。

图 5-17 电子回单

【业务 8】2015 年 7 月 31 日摊销本月财产保险费 3 000 元，其中模具车间 800 元、铸造车间 900 元、加工车间 700 元、管理部门 600 元；摊销本月报刊费 250 元，其中模具车间 50 元、铸造车间 50 元、加工车间 50 元、管理部门 100 元，如表 5-4 所示。

表 5-4 广州百佳五金制品有限公司财产保险费、报刊费摊销表

2015 年 7 月

车间、部门	本期保险摊销额	本期保险摊销额
模具车间	1 000	50
铸造车间	1 200	50
加工车间	1 500	50
行政管理部门	500	100
合计	4 200	250

填表：张国君 审核：丁香

【业务 9】 2015 年 7 月 31 日，汇总本月领料单、退料单，编制发料凭证汇总表，如表 5-5 所示。

表 5-5　　广州百佳五金制品有限公司发料凭证汇总表

2015 年 7 月 31 日　　单位：元

车间或部门	用途	主要材料	辅助材料	周转材料	合计
模具车间	产品耗用	30 000			30 000
	一般耗用		1 500	800	2 300
铸造车间	产品耗用	40 000			40 000
	一般耗用		1 200	700	1 900
加工车间	产品耗用		6 000		6 000
	一般耗用			1 000	1 000
管理部门	一般耗用			1 000	1 000
合计		70 000	8 700	3 500	82 200

【业务 10】2015 年 7 月 31 日，按各车间、部门电表读数分配本月电费 13 000 元，如表 5-6 所示。

表 5-6　　广州百佳五金制品有限公司电费汇总表

2015 年 7 月 31 日

车间或部门	用途	数量（度）	单价（元/度）	金额（元）
模具车间	动力用电	6 000		3 900
	照明用电	100		65
铸造车间	动力用电	7 000		4 550
	照明用电	150		97.5
加工车间	动力用电	6 300		4 095
	照明用电	100		65
管理部门	照明用电	350		227.5
合计		20 000	0.65	13 000

填表：张国君　　审核：丁香

【业务 11】2015 年 7 月 31 日，按定额比例分配本月水费 5 000 元，如表 5-7 所示。

表 5-7　　广州百佳五金制品有限公司水费汇总表

2015 年 7 月 31 日

车间或部门	用途	数量（立方米）	单价（元/立方米）	金额（元）
模具车间	产品用水	500		1 250
	车间用水	50		125
铸造车间	产品用水	600		1 500
	车间用水	50		125
加工车间	产品用水	650		1 625
	车间用水	50		125
管理部门		100		250
合计		2 000	2.50	5 000

填表：张国君　　审核：丁香

【业务 12】 2015 年 7 月 31 日，分配本月工资 170 000 元，如表 5-8 所示。

表 5-8　　广州百佳五金制品有限公司职工薪酬分配汇总表

2015 年 7 月 31 日　　单位：元

车间或部门	职工类别	应付职工薪酬	备注
模具车间	生产工人	20 000	
	管理人员	5 000	
铸造车间	生产工人	30 000	
	管理人员	6 000	
加工车间	生产工人	35 000	
	管理人员	5 000	
管理部门	管理人员	30 000	
合计		131 000	

填表：张国君　　审核：丁香

【业务 13】 2015 年 7 月 31 日，计提本月职工福利费，如表 5-9 所示。

表 5-9　　广州百佳五金制品有限公司职工福利费计算表

2015 年 7 月 31 日　　单位：元

应借账户		工资总额	计提比例	职工福利费
生产成本	模具车间	20 000		1 000
	铸造车间	30 000		1 500
	加工车间	35 000		1 750
制造费用	模具车间	5 000		250
	铸造车间	6 000		300
	加工车间	5 000		250
管理费用		30 000		1 500
合计		131 000	5%	6 550

填表：张国君　　审核：丁香

【业务 14】 2015 年 7 月 31 日，计提本月职工教育经费、工会经费，如表 5-10 所示。

表 5-10　　广州百佳五金制品有限公司职工教育经费、工会经费计算表

2015 年 7 月 31 日　　单位：元

车间或部门	职工类别	应付职工薪酬	职工教育经费 2%	工会经费 2%	职工教育、工会经费合计
模具车间	生产工人	20 000	400	400	800
	管理人员	5 000	100	100	200
铸造车间	生产工人	30 000	600	600	1 200
	管理人员	6 000	120	120	240
加工车间	生产工人	35 000	700	700	1 400
	管理人员	5 000	100	100	200
管理部门	管理人员	30 000	600	600	1 200
合计		131 000	2 620	2 620	5 240

填表：张国君　　审核：丁香

【业务15】2015年7月31日，计提本月职工社会保险费（假设以本月工资总额为基数），如表5-11所示。

表5-11　广州百佳五金制品有限公司职工社会保险费计算表

2015年7月31日

应借科目	明细项目	工资总额	养老保险2%	失业保险2%	医疗保险8%	工伤保险0.5%	生育保险0.85%	合计
基本生产成本	生产工人	20 000	400	400	1 600	100	170	2 670
	生产工人	30 000	600	600	2 400	150	255	4 005
	生产工人	35 000	700	700	2 800	175	297.5	4 672.5
制造费用	管理人员	5 000	100	100	400	25	42.5	667.5
	管理人员	6 000	120	120	480	30	51	801
	管理人员	5 000	100	100	400	25	42.5	667.5
管理费用	管理人员	30 000	600	600	2 400	150	255	4 005
合计		131 000	2 620	2 620	10 480	655	1 113.5	17 488.5

填表：张国君　　　　审核：丁香

【业务16】2015年7月31日，计提本月职工住房公积金（假设以本月工资总额为基数），如表5-12所示。

表5-12　广州百佳五金制品有限公司职工住房公积金表

2015年7月31日　　　　单位：元

应借科目	明细项目	应付职工薪酬	单位负担12%	个人负担12%	合合计
基本生产成本	生产工人	20 000	2 400	2 400	4 800
	生产工人	30 000	3 600	3 600	7 200
	生产工人	35 000	4 200	4 200	8 400
制造费用	管理人员	5 000	600	600	1 200
	管理人员	6 000	720	720	1 440
	管理人员	5 000	600	600	1 200
管理费用	管理人员	30 000	3 600	3 600	7 200
合计		131 000	15 720	15 720	31 440

填表：张国君　　　　审核：丁香

【业务17】2015年7月31日，计提本月固定资产折旧，如表5-13所示。

表5-13　广州百佳五金制品有限公司折旧计算分配表

2015年7月31日　　　　单位：元

应借账户		上月折旧额	本月增加折旧额	本月减少折旧额	本月折旧额
制造费用	模具车间	3 300		300	3 000
	铸造车间	4 000		200	3 800
	加工车间	2 500	100		2 600

续表

应借账户		上月折旧额	本月增加折旧额	本月减少折旧额	本月折旧额
管理费用	行政管理部门	2 000			2 000
合计		11 800			11 400

填表：张国君　　审核：丁香

【业务 18】2015 年 7 月 31 日，分配各基本生产车间归集的制造费用如表 5-15～表 5-17 所示，如表 5-14 所示，制造费用总额详见插页制造费用明细分类账。

表 5-14　　广州百佳五金制品有限公司制造费用分配表

2015 年 7 月 31 日

生产车间	分配金额（元）	备注
铸造车间	15 057.5	
加工车间	17 283.5	
装配车间	12 457.5	
合计	44 798.5	

填表：张国君　　审核：丁香

表 5-15　　制造费用明细分类账

明细科目：

年		凭证编号	摘要	合计	费用项目							
月	日											

表 5-16　　　　制造费用明细分类账

明细科目：

2015 年		凭证编号	摘要	合计	费用项目							
月	日											

表 5-17　　　　制造费用明细分类账

明细科目：

2015 年		凭证编号	摘要	合计	费用项目							
月	日											

【业务 19】 2015 年 7 月 31 日，计算结转本月模具车间完工转入铸造车间的门把手模具成本，如表 5-18 所示。

表 5-18 **基本生产成本明细账**

车间名称：模具车间　　2015 年 7 月 31 日　　完工半成品：6 700 件　　月末在产品：900 件　单位：元

年		凭证编号	摘要	合计	成本项目		
月	日				直接材料	直接人工	制造费用

【业务 20】 2015 年 7 月 31 日，计算结转铸造车间本月完工转入加工车间的门把手半成品成本，如表 5-19 所示。

表 5-19 **基本生产成本明细账**

车间名称：铸造车间　　2015 年 7 月 31 日　　完工半成品：6 800 件　　月末在产品：650 件　单位：元

年		凭证编号	摘要	合计	成本项目		
月	日				直接材料	直接人工	制造费用

续表

年		凭证编号	摘要	合计	成本项目		
月	日				直接材料	直接人工	制造费用

【业务 21】2015 年 7 月 31 日，计算结转本月完工入库产品门把手的成本，如表 5-20 所示。

表 5-20　　基本生产成本明细账

车间名称：加工车间　　2015 年 7 月 31 日　　完工产成品：7 000 件　　月末在产品：700 件　　单位：元

年		凭证编号	摘要	合计	成本项目		
月	日				直接材料	直接人工	制造费用

4. 广州百佳五金制品有限公司成本计算（综合结转）

（1）2015 年 7 月发生的经济业务（部分）

2015 年 7 月发生的【业务 1】～【业务 21】的账务处理。

（2）各生产步骤半成品成本结转

① 模具车间基本生产成本明细账与基本生产成本明细分类账——门把手模具相同（略）。

② 模具车间完工的门把手模具的总成本转入铸造车间基本生产成本明细账的“自制半成品”（或“直接材料”）项目，如表 5-21 所示。

表 5-21　　　　基本生产成本明细账

第二车间：铸造车间　　2015 年 7 月 31 日　　完工半成品：6 800 件　　月末在产品：650 件　　单位：元

年		凭证编号	摘要	合计	成本项目		
月	日				直接材料	直接人工	制造费用

③ 铸造车间完工的门把手半成品的总成本转入加工车间基本生产成本明细账的“自制半成品”（或“直接材料”）项目，最后计算出完工产品门把手的生产成本，如表 5-22 所示。

表 5-22　　　　基本生产成本明细账

第三车间：加工车间　　2015 年 7 月 31 日　　完工产成品：7 000 件　　月末在产品：700 件　　单位：元

年		凭证编号	摘要	合计	成本项目		
月	日				直接材料	直接人工	制造费用

续表

年		凭证编号	摘要	合计	成本项目		
月	日				直接材料	直接人工	制造费用

实训六
平行结转分步法成本核算

一、实训目的

通过对广州市嘉乐电器有限公司的成本计算，掌握平行加工式多步骤生产企业的成本计算方法——平行结转分步法。

二、核算要求

（1）按产品及其生成步骤开设“基本生产成本明细账”。

（2）根据原始凭证或费用分配表填制记账凭证。

（3）根据记账凭证逐笔登记“制造费用明细账”“基本生产成本明细账”和“辅助生产成本明细账”。

（4）月末，归集和分配制造费用、辅助生产成本。

（5）由各生产步骤计算出某产品在本步骤所发生的各种费用；然后将各生产步骤该产品所发生的费用在最终产品与月末在产品之间进行分配（采用约当产量法进行分配），确定各生产步骤应计入产成品的“份额”。

（6）月末，计算完工产品总成本和单位产品成本。

（7）月末，进行结账。

（8）规范装订记账凭证。

三、实训资料

广州市嘉乐电器有限公司为一般纳税人，主要产品为双向型换气扇，设有三个基本生产车间和一个机修车间，属于装配式多步骤生产企业。各生产车间均为一次性投料，采用平行结转分步法计算生产成本。其生产工艺流程如图 6-1 所示。

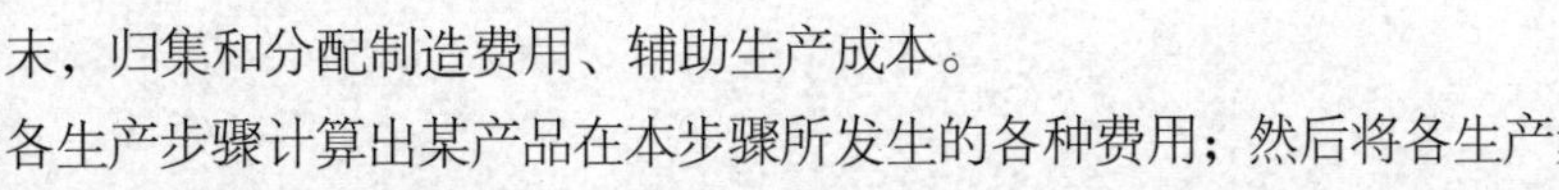

图 6-1　广州市嘉乐电器有限公司生产工艺流程

1. 2015年6月产量统计及期初在产品成本如表6-1、表6-2所示

表 6-1　　　　广州市嘉乐电器有限公司产量统计表

2015 年 6 月　　　　　　　　　　　　　　　　　　　　　　　　单位：个

车间	月初在产品	本月投入	本月完工	月末在产品
注塑车间	500	16 200	16 000	700
电动机车间	300	16 500	16 000	800
装配车间	200	16 000	15 700	500
各车间的材料生产是一次投入；在产品完工程度均为50%				

表 6-2　　　　广州市嘉乐电器有限公司生产成本期初余额表

2015 年 6 月　　　　　　　　　　　　　　　　　　　　　　　　单位：元

车间	直接材料	直接人工	制造费用
注塑车间	4 795	2 740	660
电动机车间	9 192	1 995	531
装配车间	460	1 158	266

2. 2015年6月发生以下经济业务

【业务 1】2015 年 6 月 5 日，支付电动机车间技术人员培训费 2 500 元，相关单据如图 6-2、图 6-3 所示。

广东省地方税收通用发票（电子）

（印章：广东省地方税务局）

发票联

电子发票　手写无效

发票代码　244012056792

开票日期：2015-06-05 11：25：10　　行业类别：文化业　　发票号码　06750397

付款方名称：广州市嘉乐电器有限公司

付款方识别号：

收款方名称：广州市卓悦培训中心

收款方识别号：440111627051280

主管税务机关：广州市天河区地方税务局太和税务所　　防伪码：09882112439214462573083

序号	开票项目说明	金额（元）	备注
1	培训费	2500.00	

合计（大写）：人民币贰仟伍佰元整　　合计（小写）：￥2500.00

附注：

本发票可在开票后 30 天内通过网站、手机、短信等 6 种补录登记方式，参与"南粤金税"发票抽奖。

详情请登录广东地税网站。（广东地税）

（印章：广州市卓悦培训中心 440111627051280 发票专用章）

发票联　付款方付款凭证

No. 1105103-47601825　　开票人：韩涵　　开票单位（盖章）：

图 6-2　发票

中国工商银行 网上银行电子回单

电子回单号码：0017-6180-5560-3221

<table>
<tr><td rowspan="3">付款人</td><td>户　名</td><td>广州市嘉乐电器有限公司</td><td rowspan="3">收款人</td><td>户　名</td><td>广州市卓悦培训中心</td></tr>
<tr><td>账　号</td><td>6222098701203271</td><td>账　号</td><td>6222561266120356</td></tr>
<tr><td>开户银行</td><td>工行五山支行</td><td>开户银行</td><td>工行江北支行</td></tr>
<tr><td colspan="2">金　额</td><td colspan="4">人民币（大写）：贰仟伍佰元整　　¥2500.00 元</td></tr>
<tr><td colspan="2">摘　要</td><td>支付培训费</td><td colspan="2">业务（产品）种类</td><td>转账</td></tr>
<tr><td colspan="2">用　途</td><td colspan="4">培训费</td></tr>
<tr><td colspan="2">交易流水号</td><td>3760128</td><td colspan="2">时间戳</td><td>2015-06-05-16.31.37.136028</td></tr>
<tr><td colspan="2" rowspan="2">中国工商银行 电子回单 专用章</td><td colspan="4">备注：</td></tr>
<tr><td colspan="4">验证码：pkctW5Uzemq/TeMFo4jxpCBjHRs=</td></tr>
<tr><td colspan="2">记账网点</td><td>0390</td><td>记账柜员</td><td>00037</td><td>记账日期　2015 年 06 月 05 日</td></tr>
</table>

打印日期：2015 年 06 月 05 日

重要提示：

1. 如果您是收款方，请到工行网站 www.icbc.com.cn 电子回单验证处进行回单验证。
2. 本回单不作为收款方发货依据，并请勿重复记账。
3. 您可以选择发送邮件，将此电子回单发送给指定的接收人。

图 6-3　电子回单

【业务 2】2015 年 6 月 12 日，注塑车间蔡杰出差回来报销差旅费 3 737.8 元（原借款 3 000 元），相关单据如图 6-4、图 6-5 所示。

差旅费报销单

单位名称：广州市嘉乐电器有限公司　　　　填报日期：2015 年 06 月 12 日

<table>
<tr><td colspan="2">姓　名</td><td colspan="3">蔡杰</td><td colspan="2">出差地点</td><td colspan="5">北京</td><td colspan="2">出差日期</td><td colspan="5">自 2015 年 6 月 6 日
至 2015 年 6 月 11 日</td></tr>
<tr><td>事由</td><td colspan="18">公差</td></tr>
<tr><td colspan="3">日　期</td><td colspan="2">起讫地点</td><td colspan="3">车　船　费</td><td colspan="4">在　途　补　助</td><td colspan="4">住　勤　补　助</td><td colspan="2" rowspan="2">杂（宿）费</td><td rowspan="2">备　注</td></tr>
<tr><td>年</td><td>月</td><td>日</td><td>起</td><td>讫</td><td>类别</td><td colspan="2">金　额</td><td>行程时间</td><td>标准</td><td colspan="2">金　额</td><td>日数</td><td>标准</td><td colspan="2">金　额</td></tr>
<tr><td>2015</td><td>6</td><td>6</td><td>广州</td><td>北京</td><td></td><td>818</td><td>90</td><td>小时</td><td></td><td></td><td></td><td>5</td><td>60</td><td>300</td><td>00</td><td>1 800</td><td>00</td><td></td></tr>
<tr><td></td><td>6</td><td>11</td><td>北京</td><td>广州</td><td></td><td>818</td><td>90</td><td>小时</td><td></td><td></td><td></td><td></td><td></td><td></td><td></td><td></td><td></td><td></td></tr>
<tr><td></td><td></td><td></td><td></td><td></td><td></td><td></td><td></td><td>小时</td><td></td><td></td><td></td><td></td><td></td><td></td><td></td><td></td><td></td><td></td></tr>
<tr><td></td><td></td><td></td><td></td><td></td><td></td><td></td><td></td><td>小时</td><td></td><td></td><td></td><td></td><td></td><td></td><td></td><td></td><td></td><td></td></tr>
<tr><td colspan="17">以上单据共 13 张，　总计金额人民币（大写）零 万 叁 仟 柒 佰 叁 拾 柒 元 捌 角 零 分</td><td rowspan="2">经领人盖章</td><td rowspan="2">蔡杰</td></tr>
<tr><td colspan="17">预支旅费人民币 ¥ 3 000 元，补给人民币 ¥ 737.8 元</td></tr>
</table>

主管：梁韵　　　　审核：陈仪　　　　出纳：徐曼　　　　填报人：蔡杰

图 6-4　差旅费报销单

现金支出凭单　　　第　　号

附件 1 张	2015年6月12日	对方科目编号	

付款事项：报销差旅费			
人民币（大写）：柒佰叁拾柒元捌角　　现金付讫			¥737.80
收款人：蔡杰（签章）	主管人员：梁韵（签章）	会计人员：陈仪（签章）	出纳员付讫：徐曼（签章）

图6-5　现金支出凭单

【**业务3**】2015年6月20日，电动机车间报销汽油费200元，相关单据如图6-6所示。

广东省广州市国家税务局通用机打发票

发票联

发票代码 144011320219

发票号码 00053883

广州市白云区华德石化加油站有限公司

开票日期：2015-06-20　　行业分类：商业

顾客名称：广州市嘉乐电器有限公司

项目		单价	数量	金额
97#汽油(IV)	升	7.22	27.7	200.00

合计（小写）：¥200.00

合计（大写）：贰佰元整

开票人：廖芬　　开票单位（盖章）：

本发票开具合计金额超过万元无效

第一联：发票联（顾客报销凭证）

（手写无效）

广州市白云区华德石化加油站有限公司 440111278692638 发票专用章

图6-6　发票

【业务4】2015年6月28日，支付装配车间厂房租金200元，相关单据如图6-7、图6-8所示。

广东省广州市地方税收税控专用发票　　地 税 监

GUANGZHOUEOOATAXFIOALINVOIC　票　　440110330

查询电话：（020）-12366-3　　查询号码：1943 6 SX 4881 8 ET 6 0 ZR

顾客名称：广州市嘉乐电器有限公司　　校对号码：19434881860

开票日期：2015.06.28　　税控器号：0208216　　税控防伪码：2193209

经 营 项 目	收 费 说 明		金 额
房租	2015.06.01 至 2015.06.30 租金		2600.00
合计人民币（大写）贰仟陆佰元整			¥2600.00
收款单位：广州艾美有限公司		备注	
税务登记号：4401092728260			
地址及电话：广州市华东路195号			

第二联：发票联

广州艾美有限公司 440107927208260 发票专用章

开票人：吴枚　　收款人：麦滢　　收款单位（盖章）：

说明：1. 本发票适用于使用发票税控管理器的业户；2. "校对号码"必须与"查询号码"前四位和后七位号码相一致；3. 必须打印"税控防伪码"，否则属无效发票。

图6-7　发票

中国工商银行　网上银行电子回单

电子回单号码：0017-6180-5560-5698

付款人	户　名	广州市嘉乐电器有限公司	收款人	户　名	广州艾美有限公司
	账　号	6222098701203271		账　号	6222902373561827
	开户银行	工行五山支行		开户银行	工行前进支行
金　额	人民币（大写）：贰仟陆佰元整　¥2600.00元				
摘　要	支付厂房租金		业务（产品）种类	转账	
用　途	支付租金				
交易流水号	3768139		时间戳	2015-06-28-11.25.37.715182	
中国工商银行 电子回单专用章	备注：				
	验证码：pkctW5Uzemq/TeMFo4jxpCBjHRs=				
记账网点	0390	记账柜员	00039	记账日期	2015年06月28日

打印日期：2015年06月28日

重要提示：

1. 如果您是收款方，请到工行网站 www.icbc.com.cn 电子回单验证处进行回单验证。
2. 本回单不作为收款方发货依据，并请勿重复记账。
3. 您可以选择发送邮件，将此电子回单发送给指定的接收人。

图6-8　电子回单

【业务 5】2015 年 6 月 30 日，摊销本月财产保险费 5 000 元，其中注塑车间 900 元、电动机车间 2 800 元、装配车间 600 元、机修车间 500 元、管理部门 200 元，如表 6-3 所示。

表 6-3　　　　广州市嘉乐电器有限公司财产保险费摊销表

2015 年 6 月 30 日　　　　单位：元

车间、部门	期初账面余额	本期摊销额	期末账面余额
注塑车间	9 000	900	8 100
电动机车间	28 000	2 800	25 200
装配车间	6 000	600	5 400
机修车间	5 000	500	4 500
管理部门	2 000	200	1 800
合计	50 000	5 000	45 000
备注：采用直线法分 12 个月摊销			

填表：陈仪　　　　审核：梁韵

【业务 6】2015 年 6 月 30 日，汇总本月领料单、退料单，编制发料凭证汇总表，如表 6-4 所示。

表 6-4　　　　广州市嘉乐电器有限公司发料凭证汇总表

2015 年 6 月 30 日　　　　单位：元

车间或部门	用途	原料及主要材料	辅助材料	周转材料	合计
注塑车间	产品耗用	150 000	5 000		155 000
	一般耗用		1 000	1 300	2 300
电动机车间	产品耗用	500 000	10 000		510 000
	一般耗用		2 000	1 500	3 500
装配车间	产品耗用		31 000		31 000
	一般耗用			3 900	3 900
机修车间			6 000	700	6 700
管理部门	一般耗用		500	800	1 300
合计		650 000	55 500	8 200	713 700

填表：陈仪　　　　审核：梁韵

【业务 7】2015 年 6 月 30 日，计提本月固定资产折旧，如表 6-5 所示。

表 6-5　　　　广州市嘉乐电器有限公司折旧计算分配表

2015 年 6 月 30 日　　　　单位：元

应借账户		上月折旧额	本月增加折旧额	本月减少折旧额	本月折旧额
制造费用	注塑车间	2 900	600		3 500
	电动机车间	5 000	100		5 100
	装配车间	3 000	300		3 300

续表

应借账户		上月折旧额	本月增加折旧额	本月减少折旧额	本月折旧额
生产成本（辅助）	机修车间	900	100		1 000
管理费用	行政部门	800			800
合计		12 600	1 100		13 700

填表：陈仪　　　　审核：梁韵

【业务 8】2015 年 6 月 30 日，按各车间、部门电表读数分配本月电费，如表 6-6 所示。

表 6-6　　广州市嘉乐电器有限公司电费汇总表

2015 年 6 月 30 日

车间或部门	用途	数量（度）	单价（元/度）	金额（元）
注塑车间	动力用电	10 800		7 020
	照明用电	385		250.25
电动机车间	动力用电	16 610		1 0796.5
	照明用电	388		252.2
装配车间	动力用电	9 650		6 272.5
	照明用电	396		257.4
机修车间		578		375.7
管理部门		510		331.5
合计		39317	0.65	2 5556.05

填表：陈仪　　　　审核：梁韵

【业务 9】2015 年 6 月 30 日，按定额耗用量分配本月水费，如表 6-7 所示。

表 6-7　　广州市嘉乐电器有限公司水费汇总表

2015 年 6 月 30 日

车间或部门	数量（立方米）	单价（元/立方米）	金额（元）
注塑车间	130		416
电动机车间	100		320
装配车间	80		256
机修车间	50		160
管理部门	25		80
合计	385	3.2	1 232

填表：陈仪　　　　审核：梁韵

【业务 10】2015 年 6 月 30 日，分配本月工资，如表 6-8 所示。

表 6-8　　广州市嘉乐电器有限公司职工薪酬分配汇总表

2015 年 6 月 30 日　　单位:元

车间或部门	职工类别	应付职工薪酬	备注
注塑车间	生产工人	55 000	
	管理人员	6 500	
电动机车间	生产工人	67 000	
	管理人员	8 900	
装配车间	生产工人	56 000	
	管理人员	6 200	
机修车间		13 000	
管理部门		18 000	
合计		230 600	

填表：陈仪　　审核：梁韵

【业务 11】 2015 年 6 月 30 日，计提本月职工福利，如表 6-9 所示。

表 6-9　　广州市嘉乐电器有限公司职工福利计算表

2015 年 6 月 30 日　　单位:元

应借账户		工资总额	计提比例	职工福利费
生产成本（基本生产成本）	注塑车间			
	电动机车间			
	装配车间			
制造费用	注塑车间			
	电动机车间			
	装配车间			
生产成本（辅助生产成本）	机修车间			
管理部门				
合计			14%	

填表：陈仪　　审核：梁韵

【业务 12】 2015 年 6 月 30 日，计提本月职工教育经费、工会经费，如表 6-10 所示。

表 6-10　　广州市嘉乐电器有限公司职工教育经费、工会经费计算表

2015 年 6 月 30 日　　单位:元

应借账户		工资总额	职工教育费 1.5%	工会经费 2%	合计
生产成本（基本生产成本）	注塑车间				
	电动机车间				
	装配车间				
制造费用	注塑车间				
	电动机车间				
	装配车间				
生产成本（辅助生产成本）	机修车间				

续表

应借账户		工资总额	职工教育费 1.5%	工会经费 2%	合计
管理部门					
合计					

填表：陈仪　　　　　　审核：梁韵

【业务 13】 2015 年 6 月 30 日，计提本月职工社会保险费，如表 6-11 所示。

表 6-11　　　　　　广州市嘉乐电器有限公司职工社会保险计算表

2015 年 6 月 30 日　　　　　　单位：元

应借账户		工资总额	养老保险 12%	失业保险 2%	医疗保险 8%	工伤保险 0.5%	生育保险 0.85%	合计
生产成本（基本生产成本）	注塑车间							
	电动机车间							
	装配车间							
制造费用	注塑车间							
	电动机车间							
	装配车间							
生产成本（辅助生产成本）	机修车间							
管理部门								
合计								

填表：陈仪　　　　　　审核：梁韵

【业务 14】 2015 年 6 月 30 日，计提本月职工住房公积金，如表 6-12 所示。

表 6-12　　　　　　广州市嘉乐电器有限公司职工住房公积金计算表

2015 年 6 月 30 日　　　　　　单位：元

应借账户		上年度月平均工资	单位负担 12%	个人负担 12%	合计
生产成本（基本生产成本）	注塑车间	52 800			
	电动机车间	66 000			
	装配车间	55 160			
制造费用	注塑车间	6 490			
	电动机车间	8 780			
	装配车间	6 150			
生产成本（辅助生产成本）	机修车间	12 881			
管理部门		17 932			
合计		226 193			

填表：陈仪　　　　　　审核：梁韵

【业务 15】 2015 年 6 月 30 日，分配各基本生产车间归集的制造费用，如表 6-13 所示。

表 6-13 **广州市嘉乐电器有限公司制造费用分配表**

2015 年 6 月 30 日 单位：元

生产车间	分配金额（元）	备注
注塑车间		
电动机车间		
装配车间		
合计		

填表：陈仪 审核：梁韵

【业务 16】 2015 年 6 月 30 日，分配本月机修车间费用，如表 6-14 所示。

表 6-14 **辅助生产费用分配表**

2015 年 6 月

受益部门	受益数量	分配率	分配金额（元）
合计			

制表：陈仪 审核：梁韵

【业务 17】 2015 年 6 月 30 日，根据各步骤归集的生产费用，计算应计入完工产品成本的“份额”和各步骤的广义在产品成本，如表 6-15～表 6-17 所示。

表 6-15 **基本生产成本明细账**

车间名称：

年		凭证编号	摘要	合计	成本项目		
月	日				直接材料	直接人工	制造费用

续表

年		凭证编号	摘要	合计	成本项目		
月	日				直接材料	直接人工	制造费用

表 6-16　　基本生产成本明细账

车间名称：

年		凭证编号	摘要	合计	成本项目		
月	日				直接材料	直接人工	制造费用

表 6-17　　基本生产成本明细账

车间名称：

年		凭证编号	摘要	合计	成本项目		
月	日				直接材料	直接人工	制造费用

续表

年		凭证编号	摘要	合计	成本项目		
月	日				直接材料	直接人工	制造费用

【业务 18】 2015 年 6 月 30 日，结转完工产品成本，如表 6-18 所示。

表 6-18　　双向型换气扇成本汇总计算表

产量：15 700 台　　2015 年 6 月　　单位：元

摘要	直接材料	直接人工	制造费用	合计
注塑车间转入双向型换气扇的份额				
电动机车间转入双向型换气扇的份额				
装配车间转入双向型换气扇的份额				
双向型换气扇总成本				
双向型换气扇单位成本				

填表：陈仪　　审核：梁韵

表 6-19　　制造费用明细分类账

明细科目：

年		凭证编号	摘要	合计	费用项目							
月	日											

续表

年		凭证编号	摘要	合计	费用项目							
月	日											

表 6-20　　制造费用明细分类账

明细科目：

2015 年		凭证编号	摘要	合计	费用项目							
月	日											

表 6-21　　制造费用明细分类账

明细科目：

2015 年		凭证编号	摘要	合计	费用项目							
月	日											

续表

2015年		凭证编号	摘要	合计	费用项目							
月	日											

表 6-22　　辅助生产成本明细分类账

明细科目：

年		凭证编号	摘要	合计	费用项目							
月	日											